伊藤雅人

わが藩の
自慢対決

県編

福岡藩

小倉藩

柳川藩

久留米藩

廣済堂出版

口上 福岡県の歴史旅へようこそ！

福岡は〝熱い〟県だ。なぜに熱いかといえば、「博多祇園山笠《はかたぎおんやまがさ》」「小倉《こくら》祇園太鼓《だいこ》」など、街を熱気に包む伝統の祭りが各地に数々あるからだ。明治期に入ると、〝製鉄〟や〝石炭〟など火にまつわる地場産業で栄え、地域は熱く活気づいた。

国家を支える大工業地帯だったゆえ、太平洋戦争末期、福岡県はたびたび空襲を受けた。そして、アメリカ軍は広島への原爆投下に続き、小倉《こくら》へ原爆搭載機を向かわせたのだ。たまたま上空が霞に覆われていて市街地を目視できなかったため、長崎に投下対象を変更したとされる。その結果、福岡県は焦土となるのをまぬがれたのだった。

敗戦からの復興期、福岡の人びとの血を熱くたぎらせたのは、プロ野球球団の〝西鉄《にしてつ》ライオンズ〟だ。〝神様、仏様、稲尾《いなお》様〟といわれた〝鉄腕投手〟

稲尾和久《かずひさ》、豪快なホームランで球場をわかせた〝怪童〟中西太《なかにしふとし》らの活躍で、1956年(昭和31)から3年連続して日本一を達成。県民は喜びに酔いしれた。

だが、熱い時代は長く続かない。エネルギー政策の転換により、石炭に替わって石油へと移行すると、石炭産業は斜陽化し、炭鉱は閉山があいつぐ。それにともなって、激しい労働争議が繰り広げられ、県は大きく揺れた。また、鉄冷えによって、溶鉱炉の火も消えていく。街が活気を失っていくなか、地域の人びとを元気づけた西鉄ライオンズも球団を身売りすることになった。

だが、福岡県は古代から大陸や朝鮮半島と海を介して交流をもつ、進取の精神にあふれた地域だ。稲作が日本で最初に導入されたのも、福岡県を中心とする九州北部だったとされる。源平争乱や元寇《げんこう》など、日本の歴史を左右する戦乱の舞台にもなった。ゆえに、県民の気性は柔らかくも荒く、反骨精神にもあふれる。その心意気が逆境に陥った福岡を立ち直らせていく。

地域限定の味だった〝辛子明太子《からしめんたいこ》〟〝豚骨《とんこつ》ラーメン〟などの福岡県グルメは、いまや全国区だ。ライブハウスで腕を競い合い、上京して成功したミュージシャ

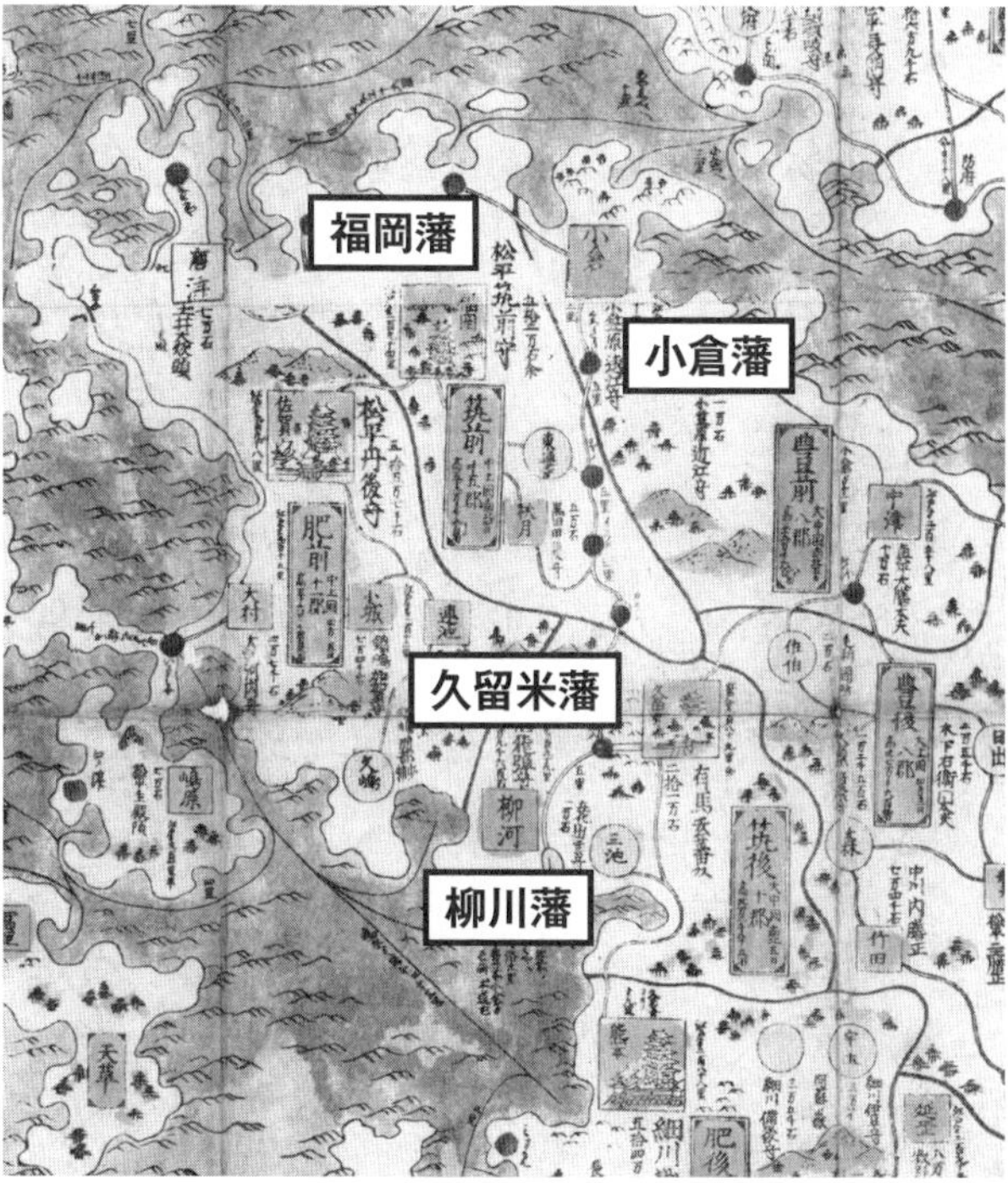

旧藩の領地区分（石川流宣「大日本國大繪圖」国立国会図書館所蔵をもとに作成）

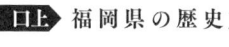

ンも数知れず。現在、日本で一番元気がある実業家の孫正義《そんまさよし》も、福岡県で学び、〝ソフトバンク〟というベンチャー企業を起ち上げ、ＩＴ産業で成功した（出生は佐賀県だが……）。

福岡県には、江戸期、小倉・福岡・久留米《くるめ》・柳川《やながわ》という４つの個性が強い大藩が存在した。ほかにも小藩がいくつか存在したが、本書では、４大藩の〝お国自慢〟を探り、比較しながら、福岡県の意外な歴史と文化に迫ろうと思う。同じ県下とはいえども、小倉・福岡・久留米・柳川では風土や気性が微妙に異なり、お互いの対抗意識が垣間みえる。

それでは、福岡県のマジカル・ヒストリー・ツアーにロールアップ（出かけよう）！

わが藩のお国自慢対決［福岡県編］――目次

第1章 「歴史」対決！

第2章 「人物」対決！

第3章 「文化」対決!

第4章 「産業」対決！

第1章

「歴史」対決！

history 地勢

九州の玄関口で睨みをきかせた小倉藩

九州の東北域に位置する福岡県の地勢を見ると、北部は日本海（玄界灘《げんかいなだ》・響灘《ひびき》）、東部は瀬戸内海（周防灘《すおう》）、南部は有明海《ありあけかい》に臨む。内陸に目を向けると、西部には脊振《せふり》山地、中央部には筑紫《ちくし》山地、南部には筑肥《ちくひ》山地の峰々がつらなる。これらの山地に蓄えられた雨水は集められて河川をつくり、三方の海に注ぐ。県下を代表する大河といえば、小倉《こくら》地域の直方《のおがた》平野を流れる遠賀《おんが》川、福岡地域の福岡平野を流れる那珂《なか》川、久留米《くるめ》・柳川《やながわ》地域の筑紫平野を流れる筑後《ちくご》川だ。

現在の福岡県の版図は、旧国名でいえば、豊前《ぶぜん》・筑前《ちくぜん》・筑後の3か国にあたる。山地や大河などの地勢を目安として、旧国境は線引きされた。江戸時代、県下におかれた4つの大藩のうち、「小倉藩」（譜代／15万石）は豊前、「福岡藩」（外様／52万3000石）は筑前、「久留米藩」（外様／21万石）と「柳川藩」（外様／10万9000石）は筑後に属する。所領の面積は、石高に応じ、福岡藩がもっとも広い。

隣接する4大藩は、譜代・外様という格式を踏まえつつ、お互いを意識しながら、それぞれに郷土意識を芽生えさせていく。その元になったのは地理的な特性だ。つまり、地勢がつくる風土が政治・経済・文化に影響をおよぼし、独自のお国柄を育てていったのだ。

「小倉藩」は、関門《かんもん》海峡に面し、対岸近くに本州を望む。九州と本州をつなぐ窓口として、古代から交通の要衝だ。はじめ外様の細川《ほそかわ》家の領国だったが、徳川幕府は細川家を肥後《ひご》国熊本藩へ移し、1632年(寛永9)、譜代の小笠原忠真《おがさわらただざね》を封じた。以後、「小倉藩」は、〝九州探題《たんだい》〟として九州諸藩を監視する役目を担うことになる。譜代としての自負心はいうまでもなく高い。

「福岡藩」は、古代から朝鮮半島・中国大陸と交流してきた歴史をもつ。鎖国政策により、福岡藩の海でつながる地勢的利点をいかすことはできなかったが、海外交易で培われてきた人びとの進取の精神は、藩政を活気づけるとともに新たな文化を育んできた。

4大藩のなかで、唯一、海に面していないのが「久留米藩」だ。悠々と流れる筑後川を下れば有明海に出られるが、人や物資の行き来は多くを陸上路に頼った。久留米を経由する主な街道に薩摩《さつま》街道・日田《ひた》往還《おうかん》があり、城下は中継地として商業で大いに栄える。地場産業も盛んになった。けっして有利ではない地勢が、かえって堅実で我慢強く、負けず嫌いな気質をつくることになる。

「柳川藩」はほかの3藩に比べ、交通の要衝とはいえない条件に置かれた。有明海に面しているが、海岸線が長くないため、海運はそれほど発達しない。陸上路も通過点に過ぎないので、経済活動にも限界がある。それだけに、独立精神が旺盛で、地域に対する愛着心が強い郷土意識が芽生えた。

地勢のさまざまな要素が、お国意識を芽生えさせた。それが現代に受け継がれ、地域の個性をいまに光らせる。

history

初代藩主

生粋の九州人は柳川藩祖だけ

豊前小倉藩の初代藩主は、1632年（寛永9）に封じられた小笠原忠真《ただざね》（1596～1667）だ。小笠原家の出自は甲斐国《かいのくに》で、武田信玄《たけだしんげん》と同じ甲斐源氏の血が流れる。小笠原一族は、室町時代以降、武家の有職故実《ゆうそくこじつ》に通じ、武術・礼法・茶道などを伝えたことで知られる。それらを総じて〝小笠原流〟と呼び、江戸時代には分派が生まれ、諸藩で重用された。

小笠原流の宗家が忠真の家系だ。忠真の父の秀政《ひでまさ》は、徳川家康の孫娘である登久姫《とくひめ》と結婚、忠真は2人の間に生まれた。しかも、忠真の正室も家康の養女である亀姫《かめひめ》（本多《ほんだ》忠政《ただまさ》の娘）だ。このような血縁関係のため、小倉藩は譜代大名として、幕末に起こった討幕運動に反する道を進むことになる。なお、忠真は〝大名茶人〟としても有名だった。小笠原流の血を受け継いだことはいうまでもない。

筑前福岡藩は、１６００年（慶長５）、黒田長政《くろだながまさ》（１５６８～１６２３）が領地を与えられ、初代藩主になった。長政の父は、豊臣秀吉の軍師である黒田孝高《よしたか》（官兵衛《かんべえ》／如《じょ》水《すい》）。黒田家の出自は、近江国《おうみ》伊香郡黒田と伝わる。孝高の祖父が備前国《びぜん》邑久郡《おく》福岡（現・瀬戸内市長船《おさふね》町福岡）に移り、播磨国《はりま》の戦国大名だった小寺氏《こでら》に仕えた。

孝高は播磨国姫路《ひめじ》に生まれ、父の跡を継ぎ、小寺氏の姫路城代として頭角をあらわしていく。軍才を織田信長、ついで豊臣秀吉に認められ、豊前中津《なかつ》を領することになる。その家督を継いだのが長政だ。長政は関ヶ原合戦で徳川家康に与《くみ》して戦功をあげ、筑前１国の藩主につく。その際、藩名を祖先ゆかりの地名からとり〝福岡〟と名づけた。

筑後久留米藩の初代藩主である有馬豊氏《ありまとようじ》（１５６９～１６４２）は、１６２０年（元和６）、室町時代に播磨国を支配した赤松氏《あかまつ》の血を引き、摂津国《せっつ》有馬郡を治めたことから有馬姓を名のる。豊臣秀吉に仕え、ついで徳川家康の御伽衆《おとぎしゅう》となり、１６００年（慶長５）、家康の養女蓮姫《れんひめ》（松平康直《まつだいらやすなお》の娘）と結婚。関ヶ原合戦後、丹波国《たんば》福知山《ふくちやま》８万石に封じられたのち、大坂の陣（１６１４年［慶長19］）での戦功が評価され、久留米藩に移ることになった。

ただ、久留米藩は、豊氏が最初に領した遠江《とおとうみ》国横須賀の家臣団（遠江衆）、丹波国福知山時代に雇った家臣団（丹波衆）、摂津国三田を領した父則頼の遺領を受け継いだ際に迎えた家臣団（摂津衆）、久留米で新たに召し抱えた家臣団（久留米衆）が入り乱れ、派閥争いに悩まされることになる。領民も新しい藩主に好意的ではなかったと伝わる。

筑後柳川藩の初代藩主である立花宗茂《たちばなむねしげ》（1567〜1643）は、戦国時代に九州北部を治めた大友《おおとも》氏の重臣の家に生まれたとされる。豊臣秀吉の時代、柳川を領していたが、関ヶ原合戦で西軍に参じたため、領地を召し上げられてしまう。宗茂は江戸に出ると、2代将軍徳川秀忠《ひでただ》のはからいで旗本に取り立てられ、のち陸奥《むつ》国棚倉《たなくら》1万石を賜り、大坂の陣で戦功をあげると、1620年（元和6）、旧領に戻る幸運を得た。

宗茂は、棚倉時代の家臣団とともに、浪人していた旧家臣団を召し集めて藩政に臨み、領民との信頼関係を築くのに尽力した。

なお、4大藩の藩祖のうち、九州に出自をもつのは柳川藩の立花宗茂だけだ。

history

官位

一歩リードする福岡藩の黒田家

徳川幕府は、全国の大名家の〝家格《かかく》〟を定め、家格に応じて〝官職《かんしょく》〟と〝位階《いかい》〟を与え、序列を付けて大名を統制した。それを「武家官位《ぶけかんい》」制度という。飛鳥《あすか》時代にはじまる制度に準じたものだ。

武士が台頭した鎌倉から戦国時代、有力武将たちは朝廷へ献金する見返りとして、官位を得るようになる。やがて、朝廷の勅許を受けないまま、官位を勝手に自称する者も出てきた。混乱した官位制を整理するため、徳川幕府は、将軍の任命を受けたのち、天皇の勅許《ちょっきょ》を得てはじめて、武家官位を正式に名乗ることができると定めた。

大名に与えられる位階は、従五位下と従四位下。一般の大名は従五位下だが、従四位下への昇進の道もある。親藩、譜代大名の重鎮、外様でも10万石以上の大名は従四位下に叙せられた。官職には、侍従《じじゅう》・少将・中将・参議・中納言・大納言の順がある。この

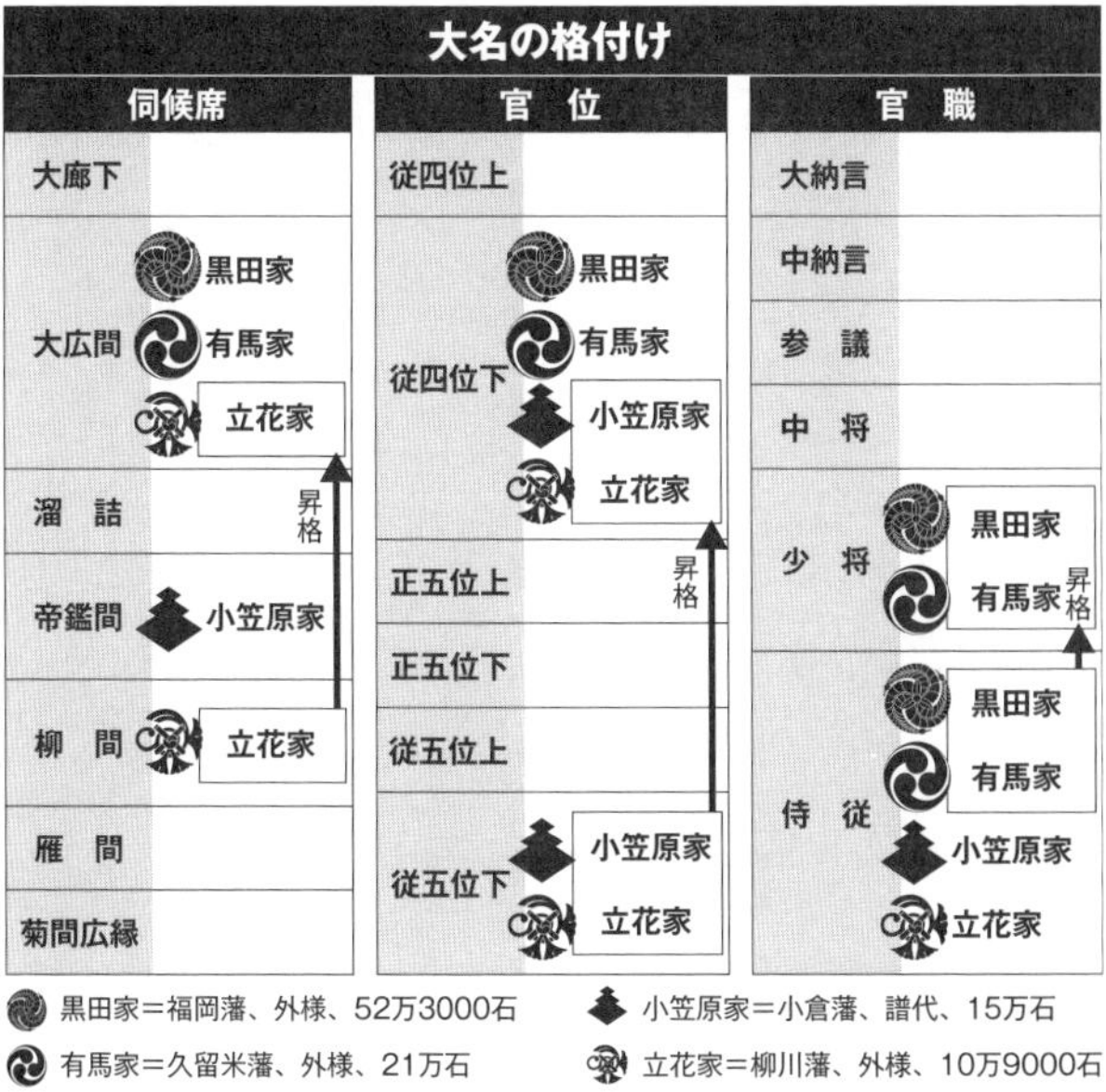

官位の組み合わせにより、序列が定まる。

　武家官位に基づき、小倉藩小笠原家（譜代）・福岡藩黒田家（外様）・久留米藩有馬家（外様）・柳川藩立花家（外様）を比較してみよう。黒田家と有馬家は、初任が従四位下・侍従、昇りつめた極官は従四位下・少将。立花家と小笠原家の初任は従五位下・侍従で、極官は従四位下・侍従だ。

　官位にしたがい、江戸城に登った大名が、将軍に拝謁する順番を待つ控え席が定められる。それを〝伺候席〟という。伺候席には、大廊下・大広間・溜詰・帝鑑間・柳間・雁間・菊間広縁の7つがあった。このうち大廊下は、将軍の親族が詰める最上席。次が大広間で、四位以上の親藩および外様が詰める。黒田家と有馬家は大広間に控えた。立花家は、五位の外様などが詰める柳間から、のち四位になると大広間に移った。小笠原家は帝鑑間。ここは幕府成立以前から徳川家に臣従した譜代が詰める席である。

官位という点からみれば、黒田家と有馬家は同格といってよい。ただし、石高に大きな差があるので、黒田家が一歩リードしているといえるだろう。立花家と小笠原家を比べれば、譜代で石高でも勝る小笠原家が格上とみられる。

ちなみに、明治維新後、新政府は版籍奉還・廃藩置県を断行し、天皇を中心とする中央集権国家をつくりあげようとした。大名たちの実権を奪うのだから、激しい反発が予想されるため、懐柔策として旧大名を〝華族《かぞく》〟という新しいシステムに組みこみ、〝爵《しゃく》位《い》〟を与えた。黒田家は侯《こう》爵で、有馬家・小笠原家・立花家は伯《はく》爵に叙された。

〝公侯伯子男《こうこうはくしだん》〟の叙爵は、江戸期の各藩の体面を重んじて叙任されたので、石高で群を抜く黒田家が3家よりも上位についたのは当然だった。

history 城郭

福岡県に唯一そびえる小倉城天守

城といえば、地域のランドマークだ。当然、地元の人びとの城に対する愛着心は強い。とはいえ、天守や本丸、櫓《やぐら》や門などの建物は焼失し、取り壊されたことが多く、やむなく跡地を公園にしているのが現実だ。それでは寂しいので、天守や櫓などの建造物が全国で復興・復元されている。

〝復興〟とは、建ち位置はそのままだが、史料不足で外観が不確かなため、姿を想定して建てたものをいう。往時のように木造・漆喰《しっくい》壁によらなくても、現代風に鉄筋コンクリート工法でもよい。〝復元〟とは、建ち位置はそのままで、工法を含め、外観を忠実に再現したものだ。

九州の窓口に築かれた小倉城は、1602年（慶長7）、細川忠興《ただおき》が5年の歳月をかけて建てた。城地の面積は約3万㎡。天守は〝南蛮《なんばん》づくり〟という特殊な形状で、素朴

現在の小倉城

ながら豪壮な姿をしていたという。4重5階で、4階と5階の間に庇《ひさし》がなく、しかも最上部の縁側が下層よりも迫り出ていて、黒い雨戸で囲むという構造だった。

細川家の後に入った小笠原家が城を守ったが、江戸後期に焼失して以降、天守は建てられなかった。だが、天守の姿が見たいという声が高まり、1959年（昭和34）、鉄筋コンクリート構造の天守が復興される。本来は飾《かざ》り破風《はふ》がない層塔型の天守だったが、見栄えをよくするために本来の形状を変更し、破風を取り付ける設計となった。とはいえ、現在も最上階は南蛮づくりなので、往時の姿をしのぶことはできる。小倉城天守の高さは28・7m。現在、4大藩で唯一そびえる天守だ。

現在の福岡城

福岡県で一番広い城地を誇るのが、福岡藩黒田家の居城福岡城である。面積は約25万㎡。本丸を支える二の丸、三の丸、南の丸、北の丸を構え、城内には大小47の櫓が配されていた。天守台跡はあるが、天守の存在を示す史料がないため、幻の天守といわれる。幕府に遠慮して、天守を取り潰して秘したという説があるほどだ。

門や櫓などが現存しており、南丸多聞櫓《たもんやぐら》と二の丸南隅櫓《すみやぐら》は国重要文化財である。福岡県指定文化財の現存建造物も数多く、城マニアにとっては見どころがいっぱいだ。㈶日本城郭協会（文部科学省所管）は、2006年（平成18）、福岡城を〝日本100名城〟の一つに定めた。福岡県で日本100名城に選定されたのは福岡城が唯一だ。

明治初期の久留米城（久留米市教育委員会所蔵）

久留米城は、1621年（元和7）、丹波福知山から領地を移された有馬豊氏《とようじ》が居城とした。それ以前、毛利《もうり》家・田中家が領した時代は居館ほどの小さな規模だったとされるが、有馬家が30余年をかけて整備・拡張し、本丸・二の丸・三の丸を築く。面積は約4万㎡におよぶ。

現在、遺構としては、石垣と堀しか残っていない。もともと本丸に天守はなく、政務をとる御殿が置かれただけだ。しかし、天守の代わりに3重3階の7棟の隅櫓（城郭の隅を守る櫓）が置かれ、それらを多聞櫓（城壁を兼ねた堅固な長屋）で囲む豪壮なつくりだった。本丸を支える端正な石垣は14～15mの高さを誇る。

柳川城は往時の姿をいまに偲ばせる。戦国時代から、掘割を城の四囲に張り巡らせた難攻不落の水城として

明治3年頃の柳川城（柳川古文書館提供）

知られた。次のような言いならわしがある。「柳川3年、肥後《ひご》3月、肥前《ひぜん》・久留米は朝茶の子」。落城させるのに、柳川城は3年かかるが、肥後（熊本城）は3か月あればよく、肥前（佐賀城）と久留米城は朝飯前……という意味だ。江戸初期に城主となった田中氏が城地を拡張。田中氏が嗣子断絶で領地を召し上げられると、1620年（元和6）、旧領に復帰した立花宗茂《むねしげ》が城地の整備を続け、幕末維新にいたる。

城地の面積は約4万㎡。天守台跡・石垣・堀などの遺構が残るが、残念なのは1872年（明治5）1月まで現存していた5重5階の天守が焼失したことだ。失火とも放火ともいう。残っていれば、柳川の人びとにとって自慢のタネになったであろう……。いまは、舟めぐりで知られる柳川城の掘割が、城下町の宝物になっている。

history

御家騒動

「黒田騒動」は日本三大御家騒動の1つ

大名家で繰り広げられる内紛を〝御家騒動《おいえそうどう》〟という。家督相続や養子縁組、藩政の方針などをめぐり、みずからの主張を通すために起こる藩内の権力闘争だ。対立するのは、藩主の一族間、藩主と家臣団、家臣同士などさまざまだ。原因は複雑にからみ合うこともある。

御家の取り潰しになりかねないゆえ、内密にしたいことだけに、騒動の真相が明らかになることは少ない。そのため、内紛がわずかでも外部に漏れ伝わると、話は面白おかしく脚色され、講談《こうだん》や歌舞伎《かぶき》・浄瑠璃《じょうるり》の演目となって、庶民の興味を引くことになる。創業者から2代目にバトンタッチする際、組織は不和を見せがちだ。「黒田騒動」もその例である。こうした事例は江戸時代の大名家にかぎったことではなく、現代社会でも稀ではない。

福岡藩祖の黒田長政《ながまさ》は、1623年（元和9）、死に臨み、粗暴な長男忠之《ただゆき》を嫌い、3男長興《ながおき》に家督を譲るとした。忠之の後見役である栗山大膳《くりやまだいぜん》（利章《としあきら》）はこれに不服で、抗議の切腹をするよう忠之に覚悟を勧める。同意する家臣を集め、切腹の血判状も取りつけた。大膳は藩創立の立役者である栗山利安《としやす》の子で、藩の重鎮だ。

事態を重くみた長政は考えを改める。「父如水《じょすい》と私の親子2代で苦労して拝領した国を失うことがないようにしてくれ」と告げ、重臣たちに忠之の後見をくれぐれもお願いすると念を押した。こうして、22歳の若い忠之が2代藩主につくことになる。

ところが、忠之は寵愛する児小姓《ちごしょう》の倉八十太夫《くらはちじゅうだゆう》を1万石の大身に抜擢し、側近政治を行ないはじめる。しかも、軍拡を押し進めた。幕府の目を気にする大膳は諌《いさ》めたが、忠之は聞き入れない。案じた大膳が十太夫を謹慎に処したところ、怒った忠之は大膳に切腹を申しつける始末だった。

ここにおよんで、大膳は「藩主が謀反を企んでいる」と、幕府へ上訴する。1633年（寛永10）2月、忠之は不行跡を責められ、領地を召し上げられてしまう。十太夫は追放され、大膳は南部《なんぶ》盛岡藩へ永預かりの身とされた。とはいえ、忠之はまもなく許されたので、お咎《とが》めなしの処分に等しかったといってよい。

黒田騒動の史料は少なく、真相も明らかではない。ただ、大膳の機転が、主家と藩主を救ったことは確かだ。南部へ送られた大膳は、150人扶持で、5里四方お構いなしの自由な隠居生活を保障された。主家に対する大膳の忠義に感じ入った幕府が、寛大な処置で決着をはかったらしい。こうして黒田家は、御家取り潰しの危機をまぬがれたのだった。

小倉藩でも御家騒動が起こった。1804年(文化1)、6代藩主についた小笠原忠《ただ》固《かた》が「幕閣となって国政に携わりたい」という野心を抱いたのが発端だ。家老の小笠原出雲《いずも》は大反対する。幕閣になる猟官《りょうかん》運動のために莫大な資金が必要だからである。江戸後期の小倉藩に金銭的な余裕はなかった。だが、出雲は藩主の命にしたがわざるをえず、苦渋の決断を下す。

案の定、苦しい藩財政はさらに圧迫された。藩主の姿勢に反対する一派は、忠固を支持する出雲を奸臣《かんしん》として暗殺をはかるが失敗に終わると、藩主家の縁戚である福岡藩の黒田家、熊本藩の細川家に直訴し、援助を得ようとして、1814年(文化11)11月、城下を出奔した。

長崎街道黒崎《くろさき》宿に参じたのは、家老4人以下、300余人の藩士だった。事を荒立てたくない忠固は親書を送って帰国を促し、脱藩事件は3日あまりで終着した。ちなみに、出雲一派は城内にいたので「白《しろ》（城）」党、反対派は黒崎に出たので「黒」党と呼ばれたため、この一件は「白黒《しろくろ》騒動」と呼ばれる。

事態を知った幕府は、出雲を失脚させたが、忠固への処分は100日の謹慎だけだった。幕政に参与したいという忠誠心が騒動の原因とみなされ、軽い処分ですんだらしい。越後高田《えちごたかだ》藩への領地替えになるという風聞もあっただけに、家臣や領民は安堵したことだろう。

久留米藩・柳川藩には、藩政の方向性をめぐる派閥抗争はあったが、藩の存続を危うくするような御家騒動は知られていない。お騒がせ度でいえば、伊達《だて》騒動（仙台藩）と加賀《かが》騒動（金沢藩）とならぶ三大御家騒動にあげられる福岡藩が群を抜く。ただし、多かれ少なかれ、どの藩にも藩政をめぐるいさかいはあった。

history

島原・天草の乱

一番槍は福岡藩か、それとも久留米藩か

有明海の南に、雲仙岳《うんぜんだけ》がそびえる島原半島がある。半島の南端を走る早崎《はやさき》の瀬戸を隔てて浮かぶのは、天草《あまくさ》の島々だ。戦国末期、島原および天草地域はキリシタン大名が領していたため、キリスト教信仰が盛んだった。ところが、江戸初期に国替えがあり、島原藩に松倉重政《まつくらしげまさ》、天草藩に寺沢広高《てらさわひろたか》が新しく領主になると、キリシタン弾圧がはじまる。加えて、領民に重税を課すなど、圧政を行なった。

不満が募ったキリシタンはじめ、旧藩主に仕えた浪人らは、16歳の天草四郎《あまくさしろう》を総大将にして、1637年（寛永14）10月、兵を挙げた。〝島原・天草の乱〟の勃発だ。一揆勢3万7000は原城《はらじょう》（現・南島原市南有馬町）を拠点にして立て籠り、幕府軍と激しい戦闘を繰り広げた。

板倉重昌《いたくらしげまさ》ひきいる幕府軍の第1陣は、一揆勢に撃退されてしまう。このときの軍勢は、

板倉勢はじめ、島原藩の松倉勢、久留米藩の有馬勢、柳川藩の立花勢で編制され、総計3万4000。兵員が少ないうえ、それぞれが戦功を競って統率がとれず、敗退に追いこまれる。なお、そのほかの九州諸藩は幕府からの命がないため、待機していた。

メンツを潰された幕府は、威信をかけて〝智恵伊豆《ちえいず》〟の名で知られる老中松平信綱《のぶつな》を送る。第2陣をひきいた信綱は敵情を分析し、攻撃を焦らず、兵糧攻めに切り替え、九州全藩に徴兵をかけた。集結した幕府軍の総勢は13万人。城内の苦境を見計らい、1638年（寛永15）2月、総攻撃をかけると、一揆軍は堪えきれず、城は落ちる。天草四郎は討ち取られ、乱は鎮圧された。

このとき、福岡藩は1万8000、久留米藩は8300、小倉藩は6000、柳川藩は5500を派兵した。総攻撃にあたり、福岡藩は本丸突入の一番槍を果たしたという。久留米藩も、城壁をよじ登り、一番槍の名のりをあげる。実際の戦功は明らかでないが、小倉・福岡・久留米・柳川の4藩とも奮戦したことは確かだった。ちなみに戦いの後、参陣した諸藩は幕府から慰労の言葉を受けただけで、加増はなかった。

history

参勤交代

譜代の小倉藩は免除

徳川幕府は、全国の諸大名に対し、〝参勤交代《さんきんこうたい》〟を命じた。大名は江戸城下に与えられた屋敷地に人質として妻子を住まわせ、1年ごとに江戸と自領を行き来しなければならない。制度として完成したのは、1635年（寛永12）、3代将軍家光《いえみつ》の時代だ。

参覲交代は将軍に召された〝軍役《ぐんえき》〟という名目なので、軍装を整えた大名行列を組んで江戸に向かわねばならない。旅費はじめ江戸での滞在費は莫大で、すべてが大名負担だ。幕府にとって、大名家の財政を疲弊させるための妙手だった。領地が江戸から遠い大名ほど資金に苦慮した。

九州諸藩の場合、多くは関門海峡を船でわたった。利用する港は、福岡藩領黒崎宿（現・北九州市八幡西区）か、小倉藩領大里宿《おおさと》（現・北九州市門司区《もじ》）である。乗船した後は、瀬戸内を海路で関西方面に進むか、対岸の長州《ちょうしゅう》藩赤間関《あかまぜき》（現・下関市）で下船し、山陽道を陸路で大坂方面へ歩む。海路は楽だが、風待ちで日数をロスし、費用がかさみ、予定が狂うことがあるので、陸路を選ぶことが多くなる。

福岡藩11代藩主の黒田長溥《ながひろ》が行なった1838年（天保9）の参勤交代のケースをみよう。出発は9月22日。赤間関を経て、大坂まで15泊16日の日程で中国路を進む。途中、備前国や播磨国で黒田家ゆかりの故地に泊まり、先祖の墓参りをする。大坂中之島《なかのしま》の蔵《くら》屋敷《やしき》に入ったのは10月8日で、10日に大坂を出立し、京を経て東海道を江戸に向かった。江戸桜田《さくらだ》の上屋敷に到着したのは25日だ。約1か月におよぶ長旅が終わった。予定どおりの順調な旅で、安堵したことだろう。

福岡藩の参勤交代の場合、行列の人数は500〜600人だったという。52万3000石の格式を示すためには、必要な人数だった。だが、それは江戸城下や、尾張《おわり》藩・駿府《すんぷ》藩などの大藩、大きな宿場町を通るときだけだったらしい。郊外に出ると人員が3分の1は減ったという。つまり、経費を節減するため、近隣要地の人びとを臨時雇いして数を揃え、見栄《みえ》をはって威厳を保ったのだ。

参勤交代は他領を通るとき、挨拶のために贈答品のやりとりが欠かせない。そうした気遣いを嫌い、帰りは東海道ではなく、中山道を急いだ。山道だが、威厳を示す必要が少ないルートなので、気軽に帰郷できたのだ。

こうした苦労は、福岡藩だけでなく、久留米藩・柳川藩はもちろん、九州諸藩に共通している。九州一の大藩である薩摩藩（72万8000石）は、参勤交代にあたり、もっとも財布の紐《ひも》が固く、宿場を嘆かせたという。付け加えると、加賀金沢藩（102万5000石）の場合、参勤交代に加わった人数は約2000人だ。江戸への旅費は、いまの貨幣価値に換算して2億円にのぼったという。

ちなみに、譜代の小倉藩は参勤交代の必要がない〝定府大名〟だった。関門海峡をゆく九州諸藩の参勤交代に、目を光らせていたのである。

history

治水 筑後川をめぐる福岡藩VS久留米藩・柳川藩のバトル

「筑後川」は、九州北部の〝母なる川〟だ。阿蘇《あそ》山系にはじまり、多くの支流を集め、筑紫平野を滔々《とうとう》と流れ、有明海にそそぐ。流路の長さは約143㎞、流域の面積は約2863㎢を誇る。九州最大の河川だ。

熊本県・大分県・福岡県・佐賀県を流れ、100万人を超える人口を抱える。流域では、林業・農業・水産業などの第1次産業、ゴム工業・家具工業などの第2次産業、商業・観光業などの第3次産業が盛ん。これらを有機的に結び、恵みをもたらすのが筑後川だ。

地域によってさまざまな名で呼ばれてきた筑後川の名称を、江戸幕府は統一しようとした。1638年（寛永15）、流域の各藩を呼び、名称を決定する評定《ひょうじょう》を行なった。なかなか結論が出ないので、「さて、どうしたものか」と福岡藩家老に不意に尋ねたところ、慌てた家老は「筑後川」とつい口をすべらせた。福岡藩としては〝筑前川〟という名を主張していたが万事休すで、名称は久留米藩や柳川藩の国名を冠した筑後川に決まったという。福岡藩VS久留米藩・柳川藩の知られざるバトルだ。

筑後川は「日本三大暴れ川」の1つにあげられる。〝坂東太郎《ばんどうたろう》〟の利根《とね》川、〝筑紫次郎《じろう》〟の筑後川、〝四国三郎《しこくさぶろう》〟の吉野《よしの》川の3川をいう。暴れ川とは、氾濫や洪水など、水害が頻発する河川のことだ。筑後川が〝筑紫次郎〟と呼ばれるようになった理由を探ってみよう。

流路ランキングで、利根川は第2位（約322㎞）、吉野川が13位（約194㎞）なのに対し、筑後川は21位だ。流域面積では、利根川は第1位（約1万6842㎢）、吉野川は第17位（約3750㎢）で、筑後川は第21位。筑後川に〝次郎〟を名のる資格はないように思われる。

本州、四国、九州を代表する河川が、それぞれ利根川、吉野川、筑後川であることに間違いはない。3川を比較すれば、利根川が〝太郎〟であることには納得だ。だが、吉野川に数字で劣る筑後川がなぜ〝次郎〟なのだろう？　河川が担う経済力の差に由来するともいわれる。

暴れ川らしく、江戸時代以降、筑後川の水害は200回を超える。治水工事が欠かせず、うねうねと蛇行する筑後川をショートカットする工事が繰り返された。水圧がかかり、決壊しやすい流路を修正するのである。ただ、改修がなった地点の水害は減っても、勢いづいた水は下流に襲いかかるので、水害はおさまらない……。

江戸時代は、筑後川流域の福岡県側の福岡藩・久留米藩・柳川藩、佐賀県側の佐賀藩が協力し合うことはなかった。自領を守ることしか念頭になく、自己都合で工事するため、他領に被害をおよぼすことも少なくなかった。そのため領土争いも起こった。統一的な治水・利水プランが進められたのは明治になってからである。

筑後川は暴れ川だが、大きな恵みを与えてくれる川である。地域で共存共栄を目指すため、戦後、治水・利水事業が行なわれてきた。しかし、環境への配慮から河川行政に対する批判の目が厳しく、ダム建設をめぐって住民が抵抗することもあった。

ダム建設によって、筑後川の風物詩であった舟運《しゅううん》は絶えてしまった。日田《ひた》から木材を筏で運んだ景色はもう見られない。対岸に向かう渡し船も姿を消した。ただ、名物のエツ漁は、観光として姿を残す。

history

藩政改革

柳川藩の幕末維新をリードした若き家老

江戸中期になると、〝幕藩体制〟といわれる統治システムに綻《ほころ》びが生じた。経済が不安定になり、天災や飢饉《ききん》が頻発し、社会は行き詰まる。人びとは打ちこわしや一揆に走り、暮らしの不満を訴えた。

幕府や諸藩は行政の立て直しを目指す。倹約を奨励し、新田開発で米の増収をはかり、特産品の産業開発などに力を入れた。人材育成に取り組み、積極的に人材登用を行なう。外国船が日本沿岸に姿をみせるようになると、外国船を打ち払うため、軍制の改革も必須になった。

１８５３年（嘉永６）のアメリカ東インド艦隊司令長官ペリーによる〝黒船来航〟は、日本中に衝撃を与えた。圧力に屈して開国に踏み切った幕府は、幕府権力を高め、外国に抗すため、幕政改革を行なう。同様のことは諸藩でも断行された。小倉藩・福岡藩・

久留米藩・柳川藩も、それぞれに苦慮する。

小倉藩では、7代藩主忠徴《ただあきら》、8代忠嘉《ただひろ》のとき、金山の再開発を行ない、塩田や新田を開いて、財政再建に乗り出した。だが、それほどの成果はあげられない。軍事では、大砲を鋳造して砲台を設け、農兵の徴発をはじめて藩兵の調練を試みるが、古式の弓馬を重んじる小笠原家では、洋式の軍制を嫌うのが現実だった。

福岡藩では、11代藩主黒田長溥《ながひろ》が改革を主導した。開国を説く開明派で、家臣を長崎に派遣し、西洋知識を学ばせている。銃砲の製造法を研究し、外国船を購入して軍事力の強化もはかった。しかし、取り組みは中途半端に終わってしまう。

久留米藩主として幕末維新を迎えたのは、11代藩主有馬頼咸《よりしげ》だ。26年におよんで政務に臨んだ最後の藩主である。幕府を批判する〝尊王《そんのう》〟に対し、幕府を支持する立場を〝佐幕《さばく》〟という。尊王派と佐幕派の対立が激しいなか、頼咸は佐幕派を重んじ、改革を進める。だが、久留米藩は尊王派が優勢となり、佐幕の立場を捨て、明治維新を迎えることになる。

注目したいのは柳川藩だ。改革を成功に導いた立役者は、若き家老立花壱岐《いき》（親雄）

である。熊本藩の横井小楠《よこいしょうなん》、福井藩の橋本左内《はしもとさない》らの開明派と親交をもち、12代藩主立花鑑寛《あきとも》が大抜擢した逸材だった。

壱岐は〝鼎足運転《ていそくうんてん》の法〟と呼ばれる財政再建策を進めた。商社のような物産会所を設け、発行した藩札を御用商人に与え、買い付けさせた産物を転売して現金化し、利潤を藩庫に納めるという金融マジックである。3本の鼎《かなえ》の足のように、藩札→産物→現金というサイクルで、ただの紙を金に換えようとする事業だ。1年で7万両を生み出したという。

殖産興業にも力を注ぎ、財政再建にメドがついたところで、壱岐は病に伏せ、家老職をいったんは辞す。だが、時代の波は、彼にほどなく復帰を促すことになるのだった。

history 揺れた幕末

4藩どこも〝駆けこみ〟尊王派

〝尊王《そんのう》（尊皇）〟とは「天皇を尊び敬う」という意味で、〝攘夷《じょうい》〟は「夷狄《いてき》は攘《はら》うべき」とする姿勢をいう。天皇を崇拝する尊王の力にあずかり、夷狄の脅威を排除しようという攘夷が結びついて生まれたのが、「尊王攘夷（略して尊攘）」という思想だ。

幕府を倒すことになった尊攘運動が活発化したきっかけは、安政5年（1858）、大老井伊直弼《いいなおすけ》が天皇の許しを得ずに、独断で日米修好通商条約を結んだことにはじまる。井伊大老の専横を憤《いきどお》る過激派は、1860年（安政7）3月3日、〝桜田門外《さくらだもんがい》の変《へん》〟を起こし、井伊を暗殺した。事態をおさめるために幕府がとったのが「公武合体《こうぶがったい》」という融和策だ。公（朝廷）と武（幕府および諸藩）が手を結んで幕藩体制を固め、開国を進めるという政策だ。1862年（文久2）2月、14代将軍徳川家茂《いえもち》に孝明《こうめい》天皇の妹である皇女和宮《かずのみや》が嫁ぎ、公武合体の試みは実現する。

親藩や譜代大名は佐幕派だったが、外様大名は尊王か佐幕かで迷った。藩内での抗争に明け暮れたところが少なくない。福岡県の4大藩ははじめ佐幕に立ち、尊王攘夷に走る志士を弾圧した。ところが、時代は藩政を揺るがす。

譜代の小倉藩は佐幕を貫く。九州の山岳信仰の中心である英彦山《ひこさん》が長州藩の影響を受けて尊攘に傾くと、藩は山を弾圧した。長州征討では幕府軍として従軍するが、長州軍に押されると、城に火を放って、退却を余儀なくされた。幕府が瓦解したのちは、新政府軍に加わり、疲弊した藩政に耐え、藩兵を戊辰戦争に送る。

福岡藩の11代藩主黒田長溥《ながひろ》は、薩摩藩主島津重豪《しまづしげひで》の9男で、養子として黒田家に入った。姉は11代将軍家斉《いえなり》の夫人だ。はじめ福岡藩は徳川家との関係を考慮して尊王派を弾圧し、佐幕派に立つ。だが、幕府が倒れると、佐幕派の家老を切腹させるなど、慌てて尊王派に移る。戊辰戦争では、藩兵を江戸攻撃に参陣させた。

久留米藩もはじめは佐幕に傾いた。一時は真木和泉《まきいずみ》（保臣《やすおみ》）を主導者とする尊攘派に勢いがあったが、佐幕派との間で激しい抗争を繰り広げた末、真木らの勢力は削がれる。藩政を握った佐幕派は、洋式艦船を購入し、有数の海軍力を誇る体制を整えるものの、幕府が大政を奉還したのち、尊王派が復権し、佐幕派を排除・粛清した。戊辰戦争では新政府軍として参戦。イギリス建造の自慢の蒸気船〝千歳丸〟を大阪湾に向かわせ、明治天皇の観艦を受ける栄誉を担う。

柳川藩の幕末を指揮したのは、藩政改革でも活躍した若き家老立花壱岐《いき》だ。12代藩主立花鑑寛《あきとも》の全幅の信頼を受け、家老に抜擢された。黒船の来航で大将として江戸へ出兵した壱岐は、開国による新しい国家制度を模索する。その後、病を得ていったんは家老を辞すが、明治維新を前に尊王攘夷か佐幕かで揺れた柳川藩は、再び壱岐の才を必要とした。幕藩体制に見切りをつけていた壱岐は、新政府側につき、戊辰《ぼしん》戦争では奥羽へ柳川から兵を送り、藩名を高めた。

戊辰戦争ののち、壱岐は新政府への出仕を請われたものの断り、柳川に隠棲する。明治維新という激動の時代をおだやかに迎えた柳川を見届け、1881年（明治14）、51歳で死去した。なお、1872年（明治5）に柳川城が炎上したのは、武士の世の終焉を告げるために、壱岐が放火を命じたという説がある。

history

最後の藩主

尊攘志士のとばっちりを受けた久留米藩主

1603年（慶長8）に開かれた徳川幕府は、1867年（慶応3）に大政を奉還した。265年にわたる徳川家の支配に終止符を打ったのは、〝最後の将軍〟となった15代目の徳川慶喜《とくがわよしのぶ》だ。同じように、諸藩にも〝最後の藩主〟がいる。福岡県の4大藩も、忸怩《じくじ》たる思いで最後を迎えた藩主がいた。

小倉藩の最後の藩主は、10代小笠原忠忱《ただのぶ》（1862〜97）だ。父の9代藩主忠幹《ただよし》が1865年（慶応1）に小倉城で逝去したとき、齢4歳と幼なかったため、忠幹の喪は秘された。

1866年6月、討幕を目論む長州藩を征討する戦火が開くと、幕府軍の本営は譜代の小倉藩に置かれる。総督として赴任した老中の小笠原長行《ながみち》は、小倉藩小笠原家の親戚筋にあたる。勢いに乗る長州勢に対し、幕府軍はよく戦ったが、7月、14代将軍徳川家《いえ》茂《もち》の訃報が届くと、総督長行は大坂へ逃げ、幕府軍は敗退した。

孤立した小倉藩は、8月、小倉城を炎上させ、領内の田川《たがわ》郡香春《かわら》に後退する。このとき家督を継いだのが5歳の忠忱だった。長州藩との和睦が成立すると、藩庁を京都《みやこ》郡豊《とよ》津《つ》に移して存続し、豊津藩を名のることになる。

忠忱は、1869年（明治2）の版籍奉還から1871年（明治4）の廃藩置県まで知藩事をつとめた後、1873年（明治6）から1878年（明治11）までイギリスに留学した。帰国後は〝豊前育英会〟を設立し、郷土の人材育成に尽力する。1884年（明治17）には伯爵に叙され、36歳で死去した。

福岡藩の最後の藩主は、12代黒田長知《ながとも》（1839〜1902）だ。伊勢《いせ》津《つ》藩主の藤堂《とうどう》高猷《たかゆき》の3男で、11代黒田長溥《ながひろ》の娘婿として黒田家に入る。先代長溥は佐幕派で、尊攘派に弾圧を加えたが、最後は新政府に与した。戊辰戦争の大勢が見えた1869年（明治2）2月、長溥が隠居すると、長知は31歳で家督を譲られた。

版籍奉還によって知藩事に任じられるが、1871年（明治4）7月、福岡藩に〝太《だ》政《じょう》官札贋造《かんさつがんぞう》事件〟が発覚する。贋の貨幣をつくって藩財政の窮乏をしのごうとする禁じ手だった。長知は事件とは無関係だったが、知藩事を罷免され、閉門処分を受ける。家督を譲った子の長成《ながしげ》は侯爵に叙されたが、長知は授爵していない。東京で逝去した。享年64。

久留米藩の最後の藩主は、11代有馬頼咸《よりしげ》（1828〜81）だ。1846年（弘化3）、先代頼永《よりとう》の死去にともない、家督を継ぐ。頼咸の治政は、廃藩置県まで26年間続いた。この間、久留米藩は尊王VS佐幕で対立し、激しい抗争が繰り広げられた。頼咸は佐幕寄りで、尊王派に弾圧を加えつつ、開明路線を採り、藩政改革を進める。洋式の海軍力を育てるなど成果をあげたが、大政奉還によって形勢は逆転。尊王派が藩政を握ると、新政府軍に与し、戊辰戦争を戦うことになる。

頼咸にとって不幸だったのは、長州藩士の大楽源太郎《だいらくげんたろう》が久留米に逃れてきたことだろう。大楽は生粋の尊攘志士で、新政府の転覆をはかって動いていた。久留米藩が大楽を匿っているとみた新政府は、1872年（明治5）、東京の久留米藩邸に入り、頼咸を幽閉して久留米城を接収、藩幹部を拘束する。頼咸は廃藩置県で知藩事を免じられ、華族に列するが、爵位は受けていない。1881年（明治14）に死去、享年54。

柳川藩の最後の藩主は、12代立花鑑寛《あきとも》(1829~1909)だ。立花一門の家に生まれ、11代藩主鑑備《あきのぶ》の養嗣子となり、1846年(弘化3)、18歳で家督を継ぐ。ペリー来航以後は、江戸深川、長崎、上総《かずさ》国などの沿岸警備を担当しながら、藩政改革に取り組んだ。

長州征討では幕府側として従軍したものの、戊辰戦争では新政府側に与した。1869年(明治2)、版籍奉還で知藩事に就任したが、1871年(明治4)の廃藩置県により職を免じられると、柳川を去って東京に移る。1884年(明治17)に伯爵に叙された。

だが晩年は柳川に帰り、故郷の振興に尽くしたことで知られる。元藩主が旧領国に帰った例は、全国的にみてもきわめて珍しい。1909年(明治42)、柳川で亡くなった。享年81。

こぼれ話

久留米藩主の2代にわたる謀殺ミステリー

久留米藩の2代藩主である有馬忠頼《ただより》は、1655年（承応4）、参勤交代で瀬戸内海を航行中、備前の塩田浦沖で急死した。藩主の身の回りの世話をする小姓《こしょう》の兄弟2人も〝殉死《じゅんし》〟している。

忠頼は藩政の基礎を固めるいっぽう、粗暴な性格で、領民に厳しくあたり、家臣に対しても冷酷な姿勢で臨んだと伝わる。そのため、藩主から残忍な扱いを受けた小姓兄弟が逆恨みして主殺しにおよび、兄弟も自ら命を絶ったという俗説がある。藩主が殺害されたことが明るみになれば、御家断絶になりかねない。家老は事件を秘し、長男の頼利《よりとし》を後嗣につけ、すばやく事態を収束させたという。

ところが、この一件には裏話が伝わる。3代目の藩主になった頼利は、〝身代わり〟だったというのだ。

頼利は1652年（承応1）の生まれで、父の急逝により、家督を継いだのは4歳のとき。家老の補佐を得て、仁君の誉れが高い主君に育つ。ところが、1668年（寛文8）、江戸藩邸で急死する。享年17。嗣子がないため、弟の頼元《よりもと》が後を継いだ。このとき、頼元は14歳だった。

頼利が身代わりだったと噂されるのは、先代の忠頼が船中で死んだとき、同行していた跡継ぎの頼利も殺されてしまったからという。御家断絶を避けるため、同じ年格好の身代わりを探し、藩主の座につけたというのだ。身代わりの頼利は名君に育ち、水戸光圀《みとみつくに》の曾孫を妻に迎える。だが、子が産まれれば、有馬の血がない子が跡継ぎになり、御家騒動になりかねない。事態を避けるためには、子が誕生する前に身代わりを亡き者にするしかない……。

真相を知る重臣たちは、〝身代わり〟を殺害したという。有馬の血を受け継ぐ実弟の頼元が14歳に成長したのを見計らい、計画は実行された。真相は明らかでないが、御家を守るため、起こっても不思議ではない。

こぼれ話

福岡藩の懐を痛めた朝鮮通信使

江戸時代、徳川将軍の代替わりを祝賀するため、朝鮮王朝から国王の親書をもった使節が派遣された。「朝鮮通信使《つうしんし》」といい、徳川幕府260余年の間に12回来日している。

珍しい朝鮮風俗が見学できるので、通信使一行が通る沿道は見物客で大賑わいした。日本人の好奇心の強さがわかる。日本の漢学者や文人墨客も宿泊所を訪ね、文化交流する機会をもった。

通信使一行を受け入れる日本側は、接待をしなければならない。応接役として、通行する各地の大名が指名された。福岡藩黒田氏は、対馬《つしま》の対馬藩宗《そう》氏、壱岐《いき》の平戸《ひらど》藩松浦《まつら》氏に続き、3番目に任をつとめている。ちなみに、4番目の泊地は赤間関《あかまぜき》で、長州藩毛利氏の受け持ちだ。

福岡藩は通信使一行を博多《はかた》の街へ上陸させるのを避け、博多湾から12㎞ほど離れた沖合に浮かぶ相島《あいのしま》（福岡県新宮町）に宿館を建てて、もてなした。余計な混雑を避け、警備しやすいというのが理由の1つだが、豊臣秀吉が行なった朝鮮の役で、拉致されてきた朝鮮人が博多には多く住むので、できれば街なかを見せたくないというのが本音だったようだ。

福岡藩としては、莫大な費用と手間を要した。10万石以上の大名はすべて自費という取り決めだったので、52万石を超える福岡藩は全額自腹だ。通信使一行は400～500人で、水夫も約3500人におよんだから、食事の世話がたいへん。食材の手配は1年前からはじめられた。

宿館の敷地面積は約1万5000㎡と広く、しかも毎回、1年がかりで建てた新築で迎えた。なぜなら、一行が帰国すると、宿館は即座に解体処分されたからだ。幕府に異国との密通の嫌疑をかけられないようにするためだ。

大藩のメンツがあるため、応接で恥をかくわけにいかないので、もてなしは豪華になる。朝鮮通信使の応接は福岡藩にとって、たいへんな散財だった。

第2章

「人物」対決！

persons

趣味大名

数学を発展させた久留米藩主

大名の仕事の第1は、領国の統治だ。とはいえ、大名も人間。趣味をたしなんでもよいだろう。それが城下に文化を育んだ例がある。

小倉《こくら》藩の初代藩主である小笠原忠真《おがさわらただざね》（1596〜1667）は、武家の有職故実《ゆうそくこじつ》を守り伝える〝小笠原流〟の宗家だ。弓馬の術をはじめ、礼法、礼儀、儀式、茶道など、幅広く通じた。信濃松本《しなのまつもと》（8万石）、播磨明石《はりまあかし》（10万石）を経て、豊前《ぶぜん》小倉（15万石）の藩主になると、城下で茶の湯の普及につとめた。国替えによる騒々しい混乱を、茶の心で落ち着かせようとしたのかもしれない。

千利休《せんのりきゅう》につながる茶人である古市了和《ふるいちりょうわ》を招き、茶堂頭に任じた。いっぽう領内で、茶人に好まれた上野焼の育成にも手を施している。〝大名茶人〟としての面影がうかがえよう。1665年（寛文5）には、日本に臨済宗黄檗《りんざいしゅうおうばく》派を開いた隠元《いんげん》の高弟即非如《そくひにょ》一《いっ》に帰依し、即非を開山にして領内に福聚寺《ふくじゅじ》を建立した。黄檗宗は煎茶《せんちゃ》道や普茶《ふちゃ》料理を広めるなど、文人趣味が強いので、惹かれたのに違いない。

小倉人は気性が激しいと評されがちだが、じつは風雅を愛でる心をもつのは、忠真に由来するのかもしれない。

福岡藩10代藩主の黒田斉清《くろだなりきよ》（1795～1851）は、好学の人だった。博物学に対する興味が強い。藩主として長崎視察に出かけた折、オランダ商館を訪問し、付属医のシーボルトと面談。薬学から動植物学、世界地理など、あらゆる分野にわたって質問を受けたシーボルトは、斉清の向学心の強さに驚いている。

斉清はシーボルトに、広く外国の知識を得て、国政に役立てたいと述べたという。この面談の折、斉清はシーボルトに、参勤交代の途上で蒐集《しゅうしゅう》した植物標本をプレゼントした。その標本はオランダ国立民族学博物館が所蔵する。

斉清は英明だったが、残念なことに目を患ってほとんど失明状態になったため、隠居を強いられた。〝蘭癖《らんぺき》大名〟〝博物大名〟として知られたが、もっと学びたいことが多かったはずで、無念な晩年を過ごしたことだろう。

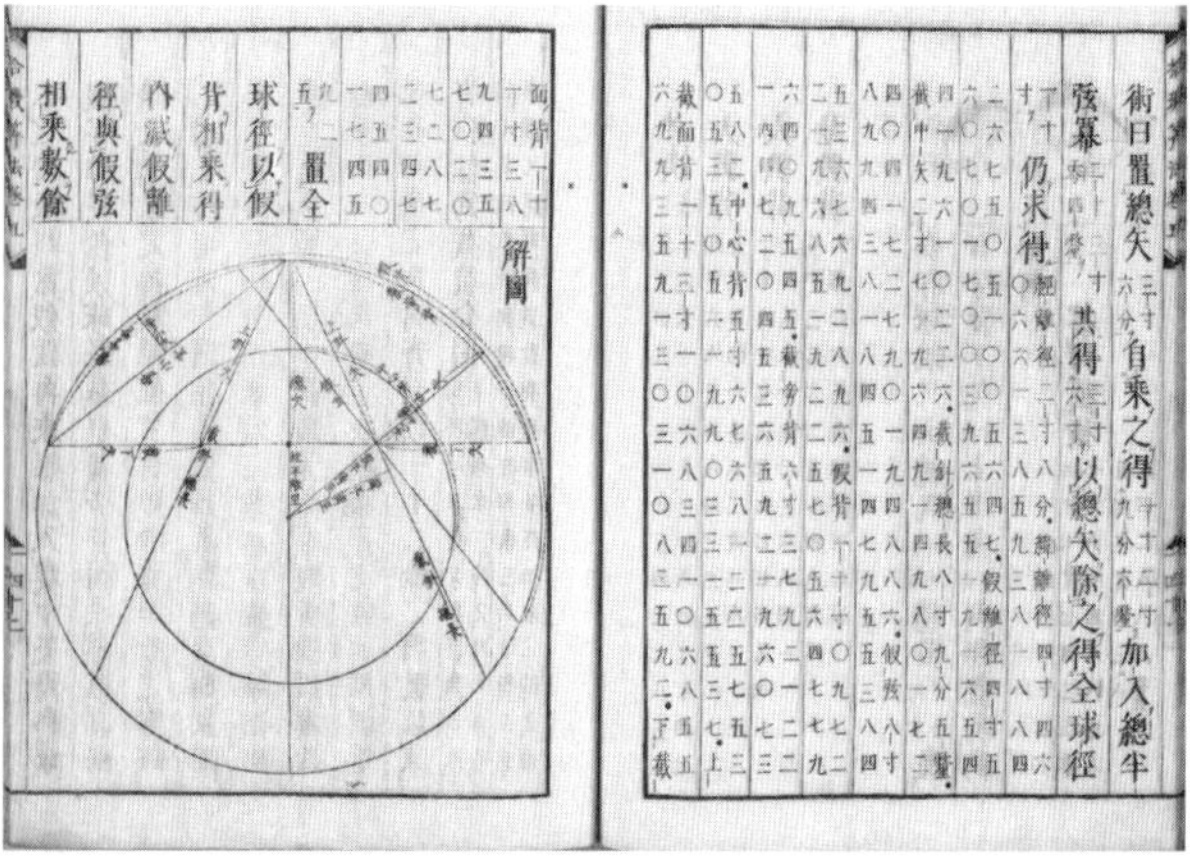

久留米藩7代藩主有馬頼徸『拾璣算法』より（国立国会図書館所蔵）

久留米《くるめ》藩7代藩主の有馬《ありま》頼徸《よりゆき》（1714〜83）も、幼い頃から勉学を好んだ大名だった。優れたのは、日本独自に発達した数学である〝和算〟だ。頼徸は和算研究を飛躍させた関孝和《せきたかかず》の流派に学んだ。当時、52桁までしか算出されていなかった円周率をさらに30桁進めたことで知られ、また、自身の研究成果を40冊におよぶ数学書に著し、一流の数学者としての評価を得る。もっとも大きな功績は、『拾璣算法《しゅうきさんぽう》』を刊行し、関流の和算の秘伝を公開したことだ。奥義は優れた高弟にしか与えられないため、大名ゆえにできたことだが、数学界に大きな貢献をした。

とはいえ、和算は、現実の政治で起こる難問を解決できなかった。治政に真剣に取り組むが、

柳川市の名勝「松濤園」

飢饉《ききん》が起これば対応の努力むなしく、一揆が発生する。机上の数字では現実の問題を解けなかった。だが、55年におよぶ頼徸の政権は善政だったと評価してよい。

柳川《やながわ》藩主にはきわだって趣味に生きた藩主はいない。だが、3代藩主立花鑑虎《たちばなあきとら》は仙台藩から嫁いできた伊達忠宗《だてただむね》の娘である母の老後を慰めるため、1697年(元禄10)、故郷の〝松島〟を模した庭園をつくった。それが〝松濤園《しょうとうえん》〟としていまに残る。やさしい藩主の趣向は、いまも地域の人びとに慕われている。

藩主の趣向は、地域の文化に大きな影響をおよぼしている。とくに久留米藩主の趣味は、城下に算術を身近なものとして広めた。

persons

学者

〃日本のアリストテレス〃貝原益軒は福岡藩士

徳川幕府の政治の方針が、武道を重んじる〝武断〟から、学問に親しむ〝文治〟に変わると、福岡県下に好学の風が吹く。代表する学者が、柳川藩の安東省庵《あんどうせいあん》（1622～1701）と、福岡藩の貝原益軒《かいばらえきけん》（1630～1714）、宮崎安貞《みやざきやすさだ》（1623～97）だ。3人は、後世に大きな功績を残した。

省庵は柳川藩士の子として生まれ、武勇を好み、島原の乱で奮闘した。だが、21歳のとき病に倒れ、武道を諦める。傷心した省庵は学問の道に進むことを決意し、28歳で京に出て朱子学《しゅしがく》を学ぶ。師は林羅山《はやしらざん》の兄弟弟子である松永尺五《まつながせきご》で、貝原益軒とは同門だ。

10年後の1658年（万治1）、帰藩した省庵は儒学者として藩に仕え、藩主立花忠茂《ただしげ》に教授した。以後、80歳で死去するまで、講義をし、著作に精を出す日々を送った。没後の1703年（元禄16）にまとめられた文集では、益軒が序文を書いている。

省庵の事績で特筆すべきは、長崎に亡命した中国明《みん》の儒学者である朱舜水《しゅしゅんすい》を世話したことだ。日本に知己がない舜水の学識を知った省庵は、教えを受けるいっぽう、生活を援助したのだ。6年間にわたり、自身の禄米200石のうち半分を贈ったという。のち舜水は水戸光圀《みとみつくに》に招かれ、〝水戸学〟に影響を与えることになる。省庵の行動は、幕末の日本に大きな意味を与えた。

貝原益軒は、福岡藩士の子として生まれ、幼い頃から聡明だったことで知られる。18歳で藩に仕えたが、1650年（慶安3）21歳のとき、2代藩主黒田忠之《ただゆき》の怒りに触れ、罷免された。7年の浪人生活の末、1656年（明暦2）、3代藩主光之《みつゆき》に赦《ゆる》されて再仕官すると、京都に遊学し、朱子学・本草学《ほんぞうがく》などを学ぶ。各地の文化人と交わり、知見を深めていった。同藩出身の宮崎安貞と出会ったのも京都だ。

1664年（寛文4）、35歳のとき、帰藩した。以後、博学多才ぶりを買われ、藩政のブレーンとして活躍する。藩に提出した建言・献策も多い。朝鮮通信使の来日に際しては応接を任され、広い教養でみごとに接待役をつとめている。藩命で編纂した藩主黒田家の事績を記した『黒田家譜』、藩内をくまなく歩き回ってまとめた『筑前《ちくぜん》国続風土記』

は、益軒が地理・歴史にも造詣が深いことを示す著作だ。

動植物の生態に目を向ける本草学についても、深く研究した。漢方医学が入り口だったが、天和の大飢饉（１６８１年［天和元］）を目のあたりにし、机上の学問を猛省し、みずから菜園を開き、栽培しはじめる。成果は１６９７年（元禄10）、宮崎安貞の『農業全書』という著作に反映された。

益軒は39歳のとき、17歳の初と結婚。ふたり連れ立って諸国を旅する。その体験をもとに著した『諸州《しょしゅう》巡覧《じゅんらん》記《き》』は、〝観光ガイドブック〟としてベストセラーとなり、多くの人びとがこの書物を手にして旅に出た。

筆をつねに手から離さず、生涯の著作は60部２７０余巻におよぶ。教育家としての著作も多いが、なかでも有名なのは『養生訓《ようじょうくん》』だ。愛妻を喪《うしな》った１７１２年（正徳2）の刊行で、内容は長寿を全うするための〝健康の勧め〟。実体験に基づく記述がリアルだ。

益軒はマルチタレントだった。幕末、長崎の出島《でじま》に入ったオランダ商館付きの医師であり、植物学者のシーボルトは、益軒の業績に触れ、〝日本のアリストテレス〟と呼んだ。アリストテレスは哲学だけでなく、物理学や生物学にも通じ、〝万学の祖〟といわれるが、益軒はそれに並ぶ評価をシーボルトから得たのだ。

最後に宮崎安貞について述べよう。安貞は広島藩士の家に生まれたが、25歳のとき、福岡藩に仕えた。思い立って数年後に浪人して諸国を旅し、各地の農業を視察する。福岡に戻ると、知遇を得た貝原益軒の援助を受け、風土の違いを超えて生産できる農法を模索した。苦労して執筆を終えたのが『農業全書』である。

諸国の農民に取材し、みずから有用植物の栽培を実践して著した『農業全書』は、その後の農業に多大な影響をおよぼし、明治になっても版を重ね、読み継がれたので、「日本の農業を100年早めた」と評される。不幸なことに、刊行前後に亡くなった安貞は、同書の反響を知ることはなかった。なお、刊行を支援した貝原益軒が序文を書いている。

福岡藩に仕えた宮崎安貞の『農業全書』より（国立国会図書館所蔵）

persons

変人

福岡藩の奇僧、柳川藩の趣味人学者

日本最初の禅寺として知られる聖福寺《しょうふくじ》は、1195年（建久6）、日本臨済宗《りんざいしゅう》の開祖栄西《えいさい》が現在の福岡市博多《はかた》区に創建した古刹《こさつ》だ。福岡藩領に赴き、聖福寺の123世になったのが仙厓義梵《せんがいぎぼん》である。この人物、かなり風変わりな僧だった。

仙厓は1750年（寛延3）、美濃《みの》国（岐阜県）武儀郡の農家に生まれる。貧しさゆえに11歳で出家した。向学心が強く、東国で学問、修行に打ちこむが、悟りは得られず、悩みと焦りの日々を送る。ついに生活は乱れ、自分を見失ってしまう。さらに最愛の師を亡くして絶望し、投身自殺をはかるが、死に切れない。ところが、すべてを失ったとき、長く厚い雲に覆われていた心に一条の光がさし、妄執《もうしゅう》は消えたのだ。

仙厓が悟りを開いたのは38歳のとき。ここから自由奔放な後半生がはじまる。学識を見込まれて、聖福寺の再興を託され、住持についたのは1789年（寛政1）、40歳だった。仙厓がはじめて聖福寺の門をくぐったときの逸話が伝わる。貧相な顔つきで、あまりにも粗末な身なりだったため、だれも新任の仙厓と気づかなかった。みな乞食坊主《こじき》があらわれたと間違えたという。仙厓は風采をいっさい気にしなかった。

仙厓は寺の綱紀を粛正し、禅風を立て直す。伽藍《がらん》の修復も行なった。仙厓の名声は広まり、やがて本山妙心寺《みょうしんじ》から〝紫衣《しえ》〟（禅僧の最高位の証である僧衣）を授けるとの達しが届く。だが、権威を嫌い、反骨精神にあふれる仙厓はこれを断った。墨染《すみぞ》め（基本の僧衣）をよしとしたのだ。しかも、拒否すること3回におよんだ。

仙厓が寺の再興にひと区切りつけて引退したのは、1811年（文化8）、62歳のときである。隠居所として建てた虚白院に入り、飄々《ひょうひょう》とした自由気ままな生活を送るようになる。軽妙洒脱でユーモアにあふれる禅画を描きはじめるのはこの頃だ。「一円図」や「○△□図」などで知られる。また、風刺や頓知《とんち》がきいた絵もよく描いた。頼まれると、相手を問わずに筆を手にしたという。

狂歌もよく詠み、面白い逸話がいくつも伝わる。たとえば、ある豪商の新築祝いに招かれた折、書を求められると、「ぐるりと家を取り巻く貧乏神」と揮毫《きごう》しはじめ、主人

福岡藩の奇僧仙厓が描いた「○△□図」

はじめ一同を縁起でもないと心配させ、「七福神は外に出られず」ときれいにまとめて筆をおき、参席者を笑顔にさせたという。

仙厓は変わり者だが、博多の老若男女はもちろん、藩主や豪商などにも、やさしく禅を説くいっぽう、ユーモアいっぱいに風刺をした名僧で、だれにも愛された。1837年（天保8）10月8日、死去。享年88。臨終の言葉は、型にはまらない仙厓らしく、「死にとうない」だったという。なお、出光《いでみつ》美術館（東京都千代田区）は仙厓のコレクションで知られる。

変わった僧侶がいるかと思えば、変わった学者もいる。柳川藩士で国学者の西原晁樹《あさき》（1781～1859）だ。藩祖立花宗茂《むねしげ》、妻誾千代《ぎんちよ》、誾千代の父である戸次道雪《とつぎどうせつ》を祀る三柱《みはしら》神社（柳川市）に顕彰碑が建つほどの郷土の偉人だ。江戸で藩主の子弟に国学を教授し、柳川に戻って国学師範としてつとめたという。

学者らしい堅物かと思いきや、多趣味だったことで知られる。「幸若舞《こうわかまい》」もその1つだ。織田信長が桶狭間《おけはざま》の戦いに臨んで、「人間五十年、下天の内を比ぶれば……」と謡い踊った曲舞である。それを習得し、宴会の席でよく披露したという。また、釣りマニアだったらしく、「釣彦」と号して糸を垂れた。使用するウキは観世音菩薩《かんぜおんぼさつ》を模した形にしていたとか。おまけに、ペットは蛇だったという。

こうした妙な性向は「兎園会《とえんかい》」に参加していることからもうかがえよう。兎園会とは、1825年(文政8)、滝沢馬琴《たきざわばきん》の呼びかけではじまった文人たちの集まりだ。見聞きした珍談・奇談を持ち回りで披露する。内容は多岐にわたり、オカルト話から奇人や変人の逸話、孝行話なども含む。西原晁樹は正式メンバーではなく〝客人〟扱いだが、風変わりな学者だったことは確かだろう。

persons

力士

柳川藩の財政難を救った横綱雲龍

大相撲《おおずもう》の力士と郷士の結びつきはことのほか強い。相撲取りが出世するにはタニマチという後援者による物心両面の支援が欠かせず、彼らの期待に応えるため力士も故郷を背負って戦う。

10代横綱の雲龍久吉《うんりゅうひさきち》は、1822年(文政5)、柳川藩に生まれた。幼くして両親と祖父母を亡くし、身寄りもない久吉は、兄弟を養うため、力仕事で日銭を稼ぐ。怪力ぶりは地域で有名で、16歳のとき、大人5人でも持ち上がらない大石を、久吉1人で担いで運んだという。

20歳のとき、近くで行なわれた相撲興行へ飛び入り参加する。勝ち続けて自信をえた久吉は、力士になる夢をふくらませた。柳川城下の魚問屋高椋新太郎《たかむくしんたろう》はじめ、郷士の人びとの援助を受け、大坂相撲に入門したのは1842年(天保13)で、21歳だった。雲龍久吉はめきめきと頭角をあらわす。

1847年（弘化4）には、江戸相撲の追手風《おいてかぜ》喜太郎の門下に移籍した。当時、江戸相撲と大坂相撲が東西で興行を競っており、江戸相撲のほうが注目度は高かった。雲龍は江戸で新入幕したとき、初優勝をはたす。成績は8勝1分だった。有望な新人に目をつけた加賀《かが》藩は召し抱えたいと申し出るが、雲龍は断った。「郷里の柳川さまでなければダメ」というのである。この心意気に応えた柳川藩は雲龍を召し抱え、化粧回しを贈った。

その後、雲龍の大活躍は続く。新入幕で初優勝したのち、4場所連続で全勝優勝を果たす。1858年（安政5）には7勝1敗1預かりで6度目の優勝を飾り、37歳にして大関《おおぜき》に昇進した。1861年（文久1）9月には〝横綱《よこづな》免許〟が授けられる。

翌年8月、凱旋《がいせん》興行が故郷の三柱《みはしら》神社（柳川市）で催された。観客は新横綱の土俵入りにわく。露払いは足代山《あじろやま》勇吉、太刀持ちは田子ノ浦鶴吉で、どちらも郷土力士だ。このとき雲龍は、左手を胸にあて、右手を伸ばしてせり上がるという、みずから考案した型をみせた。以後、数多くの横綱が土俵入りで仕切る「雲龍型」の誕生だ。

郷里で披露する土俵入りは、雲龍にとって、支援してくれた人びとに対するなによりの恩返しだっただろう。だが、雲龍は大関時代にも、柳川藩の危機を救う恩返しをしている。それは１８５９年（安政６）のことだった。

財政難に苦しんでいた柳川藩は、改革をはじめていた。資金を調達する任を藩から命じられたのが、雲龍のタニマチである高椋新太郎である。高椋は大坂に向かうと、大坂興行で上坂していた雲龍に会い、助力を頼んだ。

高椋は大坂の豪商を宴席に招き、酔いが回ったところで資金援助の用件を切り出す。杯が止まったのをみて襖《ふすま》を払うと、雲龍をはじめとする力士が後ろの部屋に控えていた。口上のあとにはじまった揃い踏みに一同の目は釘づけ。思わぬ余興に度肝をぬかれた豪商たちは、大金の貸し付けを快く引き受けた。

１８６５年（元治２）２月、雲龍は44歳で引退する。江戸相撲での成績は、１８２勝45敗16分９預かりだった。勝率は８割２厘。優勝７回（全勝優勝は２回）で、引退後は相撲会所の重責をつとめた。１８９０年（明治23）６月に死去。享年69。

大横綱のいっぽう、まぐれの〝大番狂わせ〟の１勝で、相撲史に名をとどめた力士がいる。久留米藩出身の鯱《しゃちほこ》和三郎《わさぶろう》（1772～1833）だ。初土俵・新入幕は1797年（寛政9）で、引退は1804年（文化1）。最高位は東前頭3枚目である。

1800年（寛政12）10月場所の初日に土俵でハプニングは起きた。この日の対戦相手は雷電為右衛門《らいでんためえもん》（信濃出身／出雲《いずも》藩お抱え）。44連勝中の無敵の大関である。かたや鯱は東幕下3枚目の格下。力量の差は歴然で、勝負を見切った観客は席を立ちはじめていた。ところが、鯱は立ち会うと大きく変化して雷電の体をいなし、すばやく後ろに回りこんで、押し出して勝利したのである。

お抱え力士がことごとく雷電に敗れていた久留米藩にとっては、一矢むくいることができた悲願の白星だった。雷電は翌日から36連勝したから、この1敗がなかったら81連勝に達していたことになる。歴史に残る痛恨の黒星だった。

ちなみに、鯱和三郎の通算成績は、13勝20敗3分3預かり。雷電は254勝10敗2分14預かりという記録を残す。

persons

烈女

仇討ちを果たした久留米藩ゆかりの娘

東海道の関宿《せき》（三重県亀山市）を舞台にした仇討ち劇に〝烈女〟が登場する。主人公は「関の小万《おまん》」という。旅籠《はたご》山田屋の娘として育つが、成長すると、実の父母と思っていた2人から、自分の出生の秘密を教えられる。

実父は久留米藩士の剣道指南役である牧藤左衛門。だが、同僚の小野元成と口論になり、藤左衛門は殺されてしまう。夫の仇が小林軍太夫と改名し、伊勢《いせ》亀山《かめやま》藩に仕えていることを知った妻は、身重《みおも》にもかかわらず、仇討ちを志す。しかし、鈴鹿《すずか》峠を越え、関宿に着いたところで行き倒れてしまう。山田屋の夫婦が引き取って介護するが、女の子を産むと、まもなく亡くなった。1766年（明和3）のことという。小万と名づけられた娘は、旅籠の子として育つ。

養父母から子細を知らされた小万は、母の遺志を継いで亡父の仇を討つ決意をした。

山田屋の主人の手だてで、小万は亀山藩の剣術師範である榊原権八郎のもとで剣術修行をはじめる。くる日もくる日も〝突き〟の練習だった。有名な鈴鹿馬子唄に「関の小万が亀山通い　月に雪駄《せった》が二十五足」という一節があるのは、真摯に取り組む小万の姿を謡ったものだといわれる。

修行をはじめて6年の歳月が過ぎた。亀山に通いつめる間、仇の動向もうかがっていたのだろう。頃合いをみた師範から、待ちに待った仇討ち実行の許しが出る。小万は亀山城大手前の辻で仇を待ち受け、姿を見つけるや突きを食らわし、ついに本懐を遂げたのだった。1783年（天明3）8月、小万18歳のときである。

若き女性による仇討ち成功の報は、東海道を駆け巡った。街道を行き来する旅人は山田屋に立ち寄り、旅籠は大いに繁盛する。養父母に深く感謝する小万は、亡き父母の故郷である久留米に帰ることなく、山田屋の養父母を支えた。小万が関宿で命を閉じたのは、1803年（享和3）1月、38歳のときという。

小万の仇討ちは伝説めいて、確かなことはわからない。だが、この烈女が久留米藩ゆかりの者として語り継がれてきたのは事実である。

福岡藩にも烈女がいる。高場乱《たかばおさむ》という眼科医・漢学者で、剛胆な気風に惹かれ、近郷の血気盛んな若者が慕った。

1831年（天保2）、福岡藩医で眼科医の高場正山の第7子として生まれる。だが、正山の子たちは乱を除いて夭逝したので、乱は跡継ぎになるため、男として養育されたのだ。幼い頃から知力と胆力に秀でていたという。一流の師につき、学問、剣術、柔術、礼儀作法などを学ぶ。10歳で元服し、藩から帯刀を許されたのは異例のことだった。16歳で結婚するものの、夫の軟弱さに呆れた乱は離婚を決意する。以後、「男」として一生を貫く。

父を手伝いながら医術を学び、漢学に打ちこむ。往診のときは、馬に乗り、男装帯刀姿だった。父が倒れて医業を継ぐと、学問への情熱も強まり、亀井塾《かめいじゅく》の門を叩く。この塾は権威に媚びない自由な学風で、身分性別を問わずに招き入れ、漢学だけでなく、蘭学を学ぶこともできた。乱は亀井塾の四天王の1人といわれるまでの才をみせる。

この間、平野国臣《ひらのくにおみ》・野村望東尼《のむらもとに》らの尊王攘夷を志す運動家と出会い、国事に身を預ける思いに駆られるが、乱は丈夫な体をもたず、よく臥していた。そのため上洛を諦め、福岡で有為な若者を育てようと志す。福岡藩の薬用人参畑の跡地に診療所を移し、その横に「興志塾」という漢学塾を開いたのは、1873年（明治6）、43歳のときだ。

興志塾は場所の由来から〝人参畑塾〟と呼ばれた。乱は〝人参畑の女傑〟、人徳を慕って〝人参畑の先生〟、親しみをこめて〝人参畑のばあさん〟などと渾名《あだな》された。人参畑の塾に集まった若者は、荒くれ者が多かった。たまたま目の治療をしてもらった頭山《とうやま》満《みつる》は、塾のノビノビとした雰囲気が気に入り、入門を申し出る。まじめに学問したいなら止めたほうがよいと乱に諭されたが、いつの間にか弟子に混じいるようになったという。

頭山満はのちに政治結社である玄洋社《げんようしゃ》を開き、政財界の黒幕になる。そのほかにも多くの乱の弟子たちが明治期の政治の深層にかかわっていく。ただ、彼らの無謀に思える行動は、乱を嘆かせることも多かった。1891年（明治24）3月、教え子たちの行く末を案じながら世を去る。享年61。

persons 名医

小倉藩の漢方医、福岡支藩の蘭医

小倉藩2代藩主小笠原忠雄《ただたか》の侍医をつとめた香月牛山《かづきぎゅうざん》は、漢方医学の〝後世派《ごせいは》〟を代表する名医の1人だ。後世派とは漢方医学の革新派だ。昔ながらの流儀とは異なり、処方に使う薬種が多い。

牛山は1656年（明暦2）、筑前中津《なかつ》藩に生まれる。儒学と博物学を貝原益軒《かいばらえきけん》に、医学を藩医の鶴原玄益《つるはらげんえき》に学び、30歳の頃、藩医として禄を得た。1699年（元禄12）、44歳のとき、14年間にわたって職にあった藩医を辞し、京都に出て、二条で開業する。

みずからの医業を世に問いたいという心意気ゆえの上洛だった。その思いはまもなくかなう。多くの医師が直せなかった大覚《だいかく》親王（霊元《れいげん》天皇の皇子）の重病を治療し、快癒させたのである。牛山の名声はたちまち広まった。

京都で医学の研鑽を重ねること17年。九州が懐かしくなったのか、1716年（享保1）、61歳のとき、第2代小倉藩主小笠原忠雄の招きに応じ、小倉に居を移す。以後、侍医として1740年（元文5）、85歳で天寿を全うするまで、臨床にあたった。

牛山の功績が際だつのは、数多くの著作だ。たとえば、『婦人寿草《ふじんことぶきぐさ》』は、女性の不妊・出産・育児について述べた江戸時代を代表する産科養生書だ。『小児必用養育草《しょうにひつようそだてぐさ》』は誕生以後の養育全般にわたって解説する育児書。『老人必用養草《ろうじんひつようやしないぐさ》』は老人の健康法であり、老いを楽しむ心得を記す。当時の医療事情をうかがえるので、興味深い。

もう1人の名医は緒方春朔《おがたしゅんさく》という。1748年（寛延1）、筑後《ちくご》久留米藩士の子として生まれる。養家先の家業を継ぐため医学を学んだ後、先祖ゆかりの地である秋月《あきづき》藩（福岡藩の支藩）に移住。1789年（寛政1）、秋月藩8代藩主黒田長舒《ながのぶ》に招かれ、藩医となった。

春朔が生きた時代、最先端の医学は、漢方ではなく、蘭学だった。春朔は長崎に赴き、蘭医を学ぶ。その頃から深い関心を寄せ、研究を続けていたのは〝種痘《しゅとう》〟だった。不治の病と恐れられた天然痘《てんねんとう》との戦いが火急の課題だったからである。

予防接種による種痘が治療の切り札と注目され、世界中の医師がさまざまな方法を模索したものの、研究は行き詰まる。牛の天然痘である〝牛痘〟による予防接種にイギリス医師ジェンナーが成功したのは、1796年（寛政8）だ。それより前の1792年に、秋月藩で大流行した天然痘を抑えたのが春朔である。〝牛〟ではなく〝人間〟の膿《うみ》から採った種痘を成功させた。

春朔はみずからが考案した種痘法を『種痘必順弁《しゅとうひつじゅんべん》』に著し、門を訪ねる弟子に分けへだてなく教授した。門人の多くは諸藩の藩医だったという。春朔の尽力の結果、天然痘の流行は秋月藩だけでなく、日本各地でおさまっていく。

いっぽう、大坂で適塾《てきじゅく》を開いていた緒方洪庵《おがたこうあん》は、1849年（嘉永2）、輸入された牛痘を入手し、〝牛痘法〟を国内に普及させていった。それが一般的となり、春朔の存在は緒方洪庵の業績に埋もれてしまう。

だが、致死率40％といわれた魔病の予防法を、みずからの研究で編み出した春朔の功績は、医学史上、無視できない。春朔は〝医聖〟と崇められ、1927年（昭和2）には旧秋月城内に春朔を顕彰する記念碑が建立された。

persons

名槍の主

黒田節に謡われた「日本号」という槍の行方

福岡市博物館が所蔵する「日本号《にほんごう》」という槍は、〝天下三名槍〞の1つとされる。長さは321・5㎝、重量は2・8㎏。刃に倶利伽藍龍《くりからりゅう》の浮き彫りが施されている。正親町《おおぎまち》天皇から室町15代将軍である足利義昭《あしかがよしあき》に下賜された後、織田信長の手にわたり、豊臣秀吉が受け継いで、秀吉から福島正則《ふくしままさのり》に与えられた。

この天下の名槍を正則から貰い受けたのが、黒田孝高《よしたか》（官兵衛／如水《じょすい》）の家臣である母里友信《もりとものぶ》（1556？〜1615？）である。〝黒田八虎〞にあげられる勇将で、槍術に秀《ひい》で、つねに先鋒をつとめて数々の戦功をあげた。

友信が正則から日本号を手にしたのは、文禄・慶長の役の頃だとされる。京都伏見に滞在していた福島正則を、黒田家の使いとして友信が訪ねた。たまたま福島邸では酒宴が開かれており、正則は友信に酒を勧める。友信は固辞したが、「飲み干せば好きな褒《ほう》

「黒田節」はふるさと切手にもなっている

美《び》をとらす」と、正則がしつこく迫る。断り続けると、黒田武士は酒に弱いなどと家名を貶《とし》められたため、知信は大盃に注がれた酒を一気に飲み干した。そして、日本号を所望する。正則はわたさざるをえなかった。

このときの逸話を題材にしたのが「♪酒は飲め飲め飲むならば～」の歌詞で知られる「黒田節」だ。黒田武士の男気を示すものとして、福岡藩で歌い継がれてきた。全国に知れわたったのは、1942年（昭和17）、レコードに吹きこまれて流行して以来だ。

友信の逸話には後日談がある。文禄・慶長の役の戦場で、危機に陥った友信は、後藤《ごとう》基次《もとつぐ》（1560～1615）に救われ、九死に一生を得たのだった。お礼として、友信は基次に日本号を贈る。基次は「槍の又兵衛」の名で知られる勇将で、友信と同じく黒田八虎の1人で、実力を認め合う仲だった。

ところが、基次は、1606年（慶長11）、福岡藩祖となった黒田長政《ながまさ》のもとを出奔《しゅっぽん》してしまう。理由は不明だが、長政との不仲が原因とされる。その際、基次は日本号を娘の嫁ぎ先である野村家にわたした。娘婿の野村祐直は、元の持ち主である母里友信の甥だ。

基次は、5000石で豊前小倉藩の客将として招かれた。黒田家は小倉藩を領していた細川《ほそかわ》家に、基次の仕官につき猛抗議する。両藩は一触即発の情勢になったが、幕府の取りなしで、基次が小倉を退去することで決着をみた。

その後の基次は諸大名からの誘いを断り、京で浪人生活を送る。大坂の陣が起こると、真っ先に大坂城に入り、〝摩利支天《まりしてん》の再来〟と恐れられた奮闘をみせるが、討ち死にしたのだった。

なお、日本号は大正時代に野村家を離れたが、政治結社玄洋社《げんようしゃ》の頭山満《とうやまみつる》、九州財界人の安川敬一郎《やすかわけいいちろう》が買い戻し、旧藩主の黒田家に贈った。2人はともに旧福岡藩士だ。その後、黒田家から福岡市に寄贈され、福岡市立博物館の所蔵品になったのである。

persons

剣豪

千葉周作に負けた久留米剣士、引き分けた柳川剣士

戦国時代が終わって天下太平の世になると、剣術の稽古は実戦を想定したものではなくなる。木刀《ぼくとう》による稽古は形だけになり、〝安全〟に打ち合う仕合《しあい》だけが認められた。竹刀《しない》と防具が開発されると、農民や町人もチャレンジできるとして、全国的に剣術ブームが起こる。流派は数々と生まれ、道場も江戸を中心に、諸国に広がった。

剣術の手だれは、他流試合を挑むことにより、剣名をあげることができる。小倉・福岡・久留米・柳川の各藩にも剣の名手が登場した。

小倉藩では直守一《あたいもりかず》（1753〜1847）の名が知られる。幼い頃からさまざまな流派を学び、1782年（天明2）、剣術、槍術、薙刀《なぎなた》術、棍棒《こんぼう》術、杖術、体術、捕手術、拳法などを総合した「方円流《ほうえんりゅう》」を立てた。極意は「異同相応じ、虚実相依る」にあるという。臨機応変に対応せよという教えだろうか。門人は2000人を超え、守一は死ぬ

まで愛用の木刀を手放さなかったと伝わる。

福岡藩には柴任三左衛門《しばとうさんざえもん》（1626〜1710）がいた。熊本藩の出身で、熊本入りした宮本武蔵《みやもとむさし》に入門し、二本の刀を扱う二天一流《にてんいちりゅう》を学ぶ。武蔵の死後に熊本を離れ、江戸、筑前、播磨などを転々とする。柴任が福岡藩に召し抱えられたのは1660年（万治3）だ。「筑前二天一流」の開祖として武蔵の兵法を教え、武蔵が著した『五輪書《ごりんのしょ》』を福岡藩士に講義した。指導は寛文年間（1661〜73）までだ。柴任は黒田家を去るが、筑前二天一流は福岡藩に受け継がれていく。

久留米藩には、加藤田平八郎《かとうだへいはちろう》（1808〜75）・松崎浪四郎《まつざきなみしろう》（1833〜96）の師弟が出た。ともに久留米藩士の子だ。平八郎は藩の剣術師範の分家（加藤田新陰流）に生まれ、幼くして剣術を学び、本家の婿養子になる。30歳で修行の旅に出た際、江戸では北辰一刀流《ほくしんいっとうりゅう》の千葉周作《ちばしゅうさく》と戦い、敗れている。

1837年（天保8）、家督を継ぐと、剣術指導に専心した。門人は3500人を超えたという。そのなかの1人が松崎浪四郎だ。浪四郎は江戸へ武者修行に出ると、江戸の名門道場を訪ね、剣名を上げた。

久留米に帰ると、戊辰戦争に参加し、西南戦争にも出陣した。その後は、済寧館《さいねいかん》（宮内庁内の道場）などで開かれた剣槍術大会に出場して好成績を収め、浪四郎の腕を全国に知らしめた。最後の試合は１８９５年（明治28）と記録される。その翌年に死去した。享年64。

柳川藩には、大石進《おおいしすすむ》（種次《たねつぐ》／１７９７〜１８６３）がいる。父は柳川藩の剣槍術師範役で、幼い頃から剣槍術を学ぶ。１８３２年（天保３）、藩の御用で江戸に出府すると、名門道場をつぎつぎと破り、千葉周作も引き分けるのが精一杯だったという。

７尺（約２１０㎝）の長身で、５尺３寸（約１６０㎝）の長竹刀を使用しての左片手突きは天下無双と恐れられた。１８３９年（天保10）、江戸へ再出府すると、入門を請う者が絶えなかったという。老中水野忠邦《みずのただくに》に招かれるほどに剣名はとどろいたが、江戸での功名を求めずに帰国し、52歳で隠居した。

persons

志士

無念の死を遂げた福岡藩の平野国臣と久留米藩の真木和泉

福岡県を代表する勤王の志士といえば、平野国臣《ひらのくにおみ》（福岡藩士／1828～64）と真《ま》木和泉《きいずみ》（保臣《やすおみ》／久留米藩士／1813～64）だ。尊王攘夷（尊攘）運動の指導的立場にあった。

平野国臣は1828年（文政11）、福岡藩士の家に生まれた。烏帽子《えぼし》をかぶり、直垂《ひたたれ》をまとう王朝時代の風俗を好み、王政復古を志す。黒船が来航すると開国に向かう幕府の対応を批判し、尊攘論を奉じて朝廷工作を行なう。志士を弾圧した〝安政の大獄〟に際しては、大老井伊直弼《いいなおすけ》を暗殺する謀議にかかわった。

井伊が桜田門外の変（1860年）で暗殺されると、福岡藩に関係を疑われた平野は、九州へ逃亡した。このとき久留米藩で謹慎していた真木和泉を訪ねる。幕府を討ち、尊王攘夷を実行すべきだと、2人は意気投合した。

福岡藩士平野国臣

薩摩《さつま》藩主の父である島津久光《しまづひさみつ》が兵を率いて上洛した1862年（文久2）3月、平野は薩摩藩が討幕の兵を挙げたと信じ、息巻く。だが、久光は公武合体派で、洛外の旅籠寺田屋で謀議していた薩摩の急進派を弾圧する（寺田屋事件）。同席していた平野は福岡藩に囚《とら》われ、獄中に押しこまれた。

真木和泉は、1813年（文化10）、久留米水天宮《すいてんぐう》の神官の家に生まれる。水戸学に傾倒し、尊攘の道を進む。藩士として藩政改革を行なうが、佐幕派に押され、失脚する。そのとき、九州へ逃亡した平野が真木を訪ねたのだった。

まもなく、真木は脱藩して上洛。尊攘志士との交流を深め、公家に接近し、王政復古を説いた。久光の率兵上洛に際しては、平野らの挙兵の動きに同調する。だが、寺田屋事件の現場にいた真木は久留米に送還され、ふたたび閉居の身となる。

このように、平野国臣と真木和泉は、寺田屋事件で囚われた。だが、1863年（文久3）、幕府が攘夷決行を約束すると、長州藩は5月10日、下関海峡を通航する外国船を砲撃する。尊攘運動が最高潮を迎えるなか、平野と真木は釈放された。

長州藩が尊攘派公卿と結ぶと、真木は孝明《こうめい》天皇の大和行幸《やまとぎょうこう》を画策する。詔勅が下ったのは8月13日で、先鋒として京を進発した尊攘志士の一団は17日、幕府天領の大和国五条の代官所を襲う。討幕運動の魁《さきがけ》となった〝天誅組《てんちゅうぐみ》の変〟である。

平野は天誅組の勇み足を制止するため、大和に向かう。だが、翌18日、会津藩と薩摩藩が手を結んでクーデターを断行する。尊攘派公卿を朝廷から追放し、長州藩を京から退去させたのだ（8月18日の政変）。急変を知った平野は天誅組と呼応すべく、但馬《たじま》国で〝生野《いくの》の変〟を起こすが、鎮圧され、京の六角獄舎《ろっかくごくしゃ》につながれる。

久留米水天宮にある真木和泉銅像
(© STA816 CC BY-SA)

大和行幸を目論んだ真木は、7人の尊

攘派公卿とともに長州へ落ちた（七卿落ち）。真木が朝廷に対する主導権を奪い返そうと主張すると、長州の急進派も会津・薩摩を討つべしと決起した。長州軍が入洛し、御所に砲を向けたのは、1864年（元治1）7月19日である。激戦となったが、長州軍は敗走した（禁門《きんもん》の変）。このとき真木は、軍を率いて御所に迫ったが敗走し、本陣をおいた天王山《てんのうざん》に退却する。応戦したが、21日、自刃した。享年52。

なお、禁門の変で、京は大火災に見舞われた。火が六角獄舎におよぶと、囚人が脱走して治安を乱すことを恐れた幕府は、未決囚も含め、囚人の処刑を決定する。獄にあった平野は、30数名の囚人とともに、20日、斬首された。享年37。奇しくも、平野と真木が死んだのは京近辺で、しかも1日違いである。

最後に意外なエピソードを紹介しよう。真木には「お棹」という愛娘《まなむすめ》がいた。平野が蟄居中の真木を久留米へ訪ねたとき、平野はお棹に恋をしたらしい。当時、平野は33歳、お棹は20歳。平野はお棹を詠んだと思われる恋歌を残している。ただ、恋が実ったかどうかはわからない。

persons

発明家
久留米藩出身の〝東洋のエジソン〟

田中久重《たなかひさしげ》は、1799年（寛政11）、久留米藩の城下にある通町に産声《うぶごえ》をあげた。父は、独創的で繊細な手仕事をする鼈甲《べっこう》細工師だ。発明家に欠かせない器用さと根気よさ、加えて創造性は、父から譲り受けた特性だろう。

幼名を儀右衛門《ぎえもん》といった久重は、幼い頃から〝からくり〟に興味を抱く。8歳のとき「開かずの硯箱《すずりばこ》」をつくり、友だちを煙にまいたという。からくり細工で人を驚かせ、喜ばすのが楽しいと思った久重は、〝和時計〟や〝茶運び人形〟などの原理を記す『機巧図彙《きこうずい》』というからくりの参考書を手にし、くる日もくる日も細工に夢中になった。

〝からくり儀右衛門〟の名は、城下に広まった。そんなとき、〝久留米絣《かすり》〟の発明者である井上伝《いのうえでん》（1789～1869）が訪れる。伝は久重より10歳ほど年上だが、同じ通町に住むご近所さんだ。幼くして織機を習い、13歳頃に考案した独自の〝絣〟は、図柄の美しさで評判となる。弟子が増え、彼女らが独立すると、伝がつくり出した絣は久留米藩の特産品になった。

伝は久重に「従来の十字模様やあられ模様ではなく、新しい模様を織りたいので、知恵を貸してほしい」と頼んだ。すると久重は、花や鳥などの美しい模様を織る〝絵絣〟という技術を開発し、伝に応えた。久重は久留米絣のさらなる発展に一役かったのである。

20代になると、大坂・京都・江戸へ赴き、からくり興行を催した。寿・松・竹・梅という文字を書く「文字書き人形」、4本の弓を射る「弓射り人形」などのオリジナル作品が、人びとの興味をひく。だが、久重はからくり興行に満足できなかった。

久重は実用品の製作・販売で身を立てるべく、1834年（天保5）、36歳で大坂に腰を据える。さっそくヒット商品が生まれた。持ち運びができ、いつでも灯りを得られる「懐中燭台《かいちゅうしょくだい》」（1834年製造）、長時間、安定した灯りを供給する「無尽灯《むじんとう》」（1837年製造）である。

50歳になると、利益を度外視して、従来の概念をくつがえす時計の開発に乗り出す。天文学や蘭学を学び、もてる知識と技術を駆使して完成したのが、「須弥山儀《しゅみせんぎ》」（1850

年製造）と「万年時計《まんねんとけい》（万年自鳴鐘《まんねんじめいしょう》）」（1851年製造）である。

「万年時計」は、西洋時計と和時計の機能を合わせ、曜日、二十四節気、旧暦の日付、月の満ち欠けなど、さまざまな時の要素を取り入れた傑作だ。精巧な機構に加え、優美で気品ある装飾も見事な作品だ。2006年（平成18）、国の重要文化財に指定された。

久留米藩出身の田中久重が製造した万年時計

久重の技術力に目をつけたのが、国防の充実に取り組んでいた佐賀藩主の鍋島直正《なべしまなおまさ》だ。久重は、スクリュー式蒸気船のひな形（１８５２年製造）、外輪式蒸気船のひな形（１８５５年製造）を開発し、蒸気機関車の模型（１８５５年製造）を藩主の前で走らせている。久留米藩に招かれると、アームストロング砲（１８６３年製造）を完成させた。

明治という新しい時代がはじまると、１８７３年（明治6）、75歳の久重は久留米から上京する。「電信機」の作成に着手して完成させると、新政府から注文があいついだ。事業が軌道にのると、１８７５年（明治8）、文明開化にわく銀座8丁目に工場兼店舗を開いた。「西洋に負けない独自の技術で、日本の近代化に益する」との意気込みである。生活向上のため、かずかずの生活用品の開発や改良に力をそそぎ、１８７８年（明治11）には「電話機」をつくり出した。

〝東洋のエジソン〟ともいわれる久重は、１８８１年（明治14）、たくさんのアイデアが実現できない無念を抱き、83歳で生を閉じた。久重の遺志は、弟子で養子となった2代目久重の田中大吉が受け継ぐ。銀座に設けた工場兼店舗は、事業拡大のため東京芝浦《しばうら》に移転した。それが電気メーカー「東芝」の前身となる。

人力車が並ぶ博多駅前

ちなみに、久重が銀座で研究開発している頃、ハイカラな町に駕籠《かご》は似合わないと、レンガ街を「人力車」が通り抜けるようになっていく。発明者は福岡藩士の和泉要助《いずみようすけ》（1829〜1900）に加え、鈴木徳次郎《すずきとくじろう》・高山幸助《たかやまこうすけ》の3人。1870年（明治3）、東京府より、製造と営業の許可を得ている。また、1883年（明治16）には、社会への貢献を認められ、200円を下賜された。

和泉要助が発明した人力車は、自動車が普及する昭和初期まで活躍し、近代日本の〝足〟となった。田中久重は人に喜ばれる発明で、生活を便利にした。久留米絣の発明者井上伝は、久留米絣を郷土産業に育て上げ、地域経済を支えた。福岡県ゆらいの発明が、近代日本を開いていったのである。

こぼれ話

「オッペケペー節」は博多詫り

福岡県出身者は、異能異彩の人が多い。とくに芸能人の活躍が目立つ。俳優、タレント、歌手、ミュージシャン……。開放的で自由闊達、進取の精神に富むといわれる県民性と無関係ではないだろう。自己主張が強くて頑固、サービス精神が旺盛で目立ちたがり屋という気風も、芸能界で生き抜く重要な資質に違いない。

福岡県民として、はじめて芸能界に名をとどろかせたのは川上音二郎《かわかみおとじろう》だ。というより、日本の芸能に新風を吹かせた人物といってよい。音二郎は、1864年（文久4）、福岡藩の博多に生まれた。生家は福岡藩御用達の豪商だ。家を飛び出して上京すると、福沢諭吉《ふくざわゆきち》と出会って書生となり、政府批判の運動を行なう〝壮士《そうし》〟として活動をはじめる。

オッペケペー節を歌う川上音二郎（小国政「中村座大当書生演劇」福岡市博物館所蔵の一部）

暴力をふるう乱暴な壮士が多いなか、音二郎は〝壮士芝居〟をたち上げ、芸能を取りこんで、独創的な政治活動をした。世情を風刺《ふうし》する「オッペケペー節」を大阪の寄席《よせ》で歌いはじめたのは、1891年（明治24）頃のことだ。

後ろ鉢巻きに赤い陣羽織《じんばおり》を着て、日の丸軍扇《ぐんせん》をかざし、身振り手振りもたっぷりに歌う。「権利幸福嫌いな人に、自由湯《じゆうとう》をば飲ましたい……天地の真理がわからない、心に自由の種を蒔《ま》け……オッペケペ、オッペケペッポー、ペッポーポー」。舞台では博多訛《なま》りが抜けなかったとか。

やがて音二郎は、東京へ進出した。「オッペケペー節」は東京でも大ヒットし、一世を風靡《ふうび》する。生来の興行師だったのだろう。日清戦争（1894〜95年）期には、戦争劇を仕立てて大評判をとり、まもなく新派劇《しんぱげき》にも乗り出す。欧米へ渡航して、海外巡業も行なった。舞台に立った妻の貞奴《さだやっこ》の美貌が欧米人を魅了し、空前の人気を博す。フランス大統領から芸術文化勲章を授与されたほどだった。

川上音二郎といえば、「オッペケペー節」の成功ばかりが語られる。だが、みずから劇場を建設し、シェイクスピアなどの翻訳劇に挑み、俳優養成所をつくって後進育成の道を開くなど、今日の新劇運動の源流をきずいた人物といってよい。

1911年（明治44）、舞台で倒れて帰らぬ人に。享年48。博多の承天寺《しょうてんじ》に眠る。福岡県人らしい進取の精神で芸能の道を切り開いた生涯だった。

こぼれ話

サザエさんは博多っ子だった！

〝磯野《いその》（フグ田）サザエ〟といえば、日本の国民的キャラクターだ。原作のマンガは読んだことがなくても、TVアニメを見たことがない人はいないだろう。作品の舞台は東京都世田谷区桜新町《さくらしんまち》だから、サザエさんを東京人と思いこんでいる人が多い。だが、サザエさんは福岡県福岡市生まれの博多っ子だ。父親の波平《なみへい》も同じ。ちなみに、母親のフネは静岡県、夫のフグ田マスオは大阪府の出身である。

マンガ『サザエさん』の連載開始は、1946年（昭和21）4月22日、福岡の地方新聞「夕刊フクニチ」紙上だった。作者の長谷川町子《はせがわまちこ》は佐賀県生まれで福岡育ち。父の死去にともない上京し、漫画家としてデビューする。戦時中、福岡に疎開したとき、連載を依頼された経緯から、物語の舞台を九州に設定したのである。サザエさんとマスオの見合いはデパートの地下食堂だが、どこのデパートだったのだろうと想像すると楽しい。

連載開始の年の暮れ、長谷川一家は戦後の東京に引っ越した。それに合わせて波平も東京へ転勤となり、サザエさん一家は東京に転居したのである。なお、サザエさんはマスオと結婚後、タラちゃんを出産。引っ越し当初は磯野家の近所で借家住まいだったが、マスオが大家と喧嘩したため、磯野家と同居することになった。

このように、サザエさんが福岡博多で騒動を起こし、楽しませてくれるのは、ほぼ第1巻にかぎられる。45巻で物語が幕を閉じるまで舞台は桜新町だから、サザエさんが東京出身と思われても仕方がない。

長谷川町子とサザエさん一家が住んだ桜新町では、長谷川町子美術館の開館（1985年）を機に、「中通り」を「サザエさん通り」に改称（1987年）、キャラクターの絵や銅像が通りを賑わせる。

それに負けじと福岡市も、長谷川がかつて住んでいた福岡市早良区《さわら》に「サザエさん発案の地」の記念碑を建てた（2007年）。また、福岡タワー北の博多湾岸から記念碑広場を通る市道1・6㎞に「サザエさん通り」という愛称をつける（2012年）。長谷川が自宅近くの海岸を散歩中、サザエさん一家の登場人物を着想したことにちなんでいる。

福岡市のサザエさん通り

第3章
「文化」対決！

culture

国宝

指定数は旧福岡藩領がダントツ

〝国宝〟とは、文化財保護法によって国が指定した重要文化財のうち、文化価値がとくに高く、国民の宝物であると認定されたものをいう。福岡県は、古代から大陸との交流の拠点であり、九州の政治・経済・文化の中心として存在してきた。

そのことは、九州諸県がもつ国宝の数にあらわれている。福岡県16点、長崎県3点、大分県3点、鹿児島県2点。佐賀・熊本・宮崎県に国宝はない。では、福岡県の旧4大藩をみてみよう。数がもっとも多いのは旧福岡藩の13点、旧小倉《こくら》藩は2点、旧柳川《やながわ》藩も1点。残念ながら、旧久留米《くるめ》藩はゼロだ。

旧福岡藩の国宝で注目すべきは「金印」だ。1784年（天明4）、博多《はかた》湾口に浮かぶ志賀島《しかのしま》で、農作業中の島民が偶然に発見したという。「漢委奴國王《かんのわのなのこくおう》」の印文はさまざまに解釈されてきたが、『後漢書《ごかんじょ》』の記述から、紀元57年、後漢の光武帝《こうぶてい》が奴国王の朝貢に対して授けたものとされる。なお、金印は一点ものとしてはもっとも小さい国宝として知られる（一括指定のなかの小品を除く）。福岡市博物館（福岡市早良区《さわらく》）が所蔵する。

同じような偶然の国宝発見が現代にも起きた。1965年（昭和40）、ある農家が畑で果樹を植え替えていると、銅鏡の破片が多数出土したのだ。調査の結果、一帯は5基の墳墓からなる弥生《やよい》後期の遺跡とわかり、平原《ひらばる》遺跡と名づけられた。1号墳から発掘された銅鏡破片、勾玉《まがたま》や管玉《くだだま》など多数の副葬品から、「魏志倭人伝《ぎしわじんでん》」が記す伊都《いと》国の王墓ではないかとされる。出土品は「平原方形周溝墓《ほうけいしゅうこうぼ》出土品」として、一括して国宝に指定された。国内最大の鏡〝内行花文鏡《ないこうかもんきょう》〟が見ものだ。伊都国歴史博物館（糸島《いとしま》市井原）が所蔵・展示する。

そのほかの考古資料では、宮地嶽《みやじだけ》神社（福津《ふくつ》市宮司元町《みやじもとまち》）の裏手にある宮地嶽古墳から出土した約300点が「宮地嶽古墳出土品」として、また境内から出土した骨蔵器（骨壺）も「宮地嶽神社境内出土骨蔵器」として国宝の指定を受けた。いずれも金銅などを使った馬具類ほかの見事な工芸品で、神社の宝物殿が収蔵する。

宗像《むなかた》大社（宗像市田島）は、沖津宮《おきつぐう》・中津《なかつ》宮・辺津《へつ》宮の三社の総称だ。沖津宮は、博多湾岸から約60㎞離れた玄界灘《げんかいなだ》に浮かぶ沖《おき》ノ島《しま》に鎮座する。周囲4㎞の孤島で、島全体が祭神（田心姫神《たごりひめ》）だ。島内にある祭祀遺跡の発掘調査で、銅鏡、金銅製の馬具類、刀剣類などが出土した。ササン朝ペルシャ製と思われるガラス片もあり、沖ノ島は〝海の正倉院〟と呼ばれる。出土品は一括して「宗像大社沖津宮祭祀遺跡出土品」として国宝に指定された。宗像大社の神宝館に展示されている。

寺院関係では、「観世音寺《かんぜおんじ》 梵鐘《ぼんしょう》」と「西光寺《さいこうじ》 梵鐘」の2点がある。観世音寺（太《だ》宰府《ざいふ》市観世音寺）は、開基を天智《てんじ》天皇と伝える古刹《こさつ》だ。伽藍《がらん》はすべて近世の再建だが、梵鐘は鐘楼に掛けられており、見ることができる。無銘ゆえ鋳造年次は不明だが、戊《ぼ》戌《じゅつ》年（698年［文武天皇2］）の銘をもつ京都妙心寺《みょうしんじ》の梵鐘と同型の鋳造で、兄弟鐘と推定されている。

西光寺（福岡市早良区）の梵鐘は、記銘から839年（承和6）の鋳造とわかる。鋳造年が判明している鐘のうち、日本で5番目に古い。西光寺の梵鐘は、伯耆国《ほうき》（鳥取県）金石寺《きんしゃくじ》の梵鐘として鋳造され、江戸時代の1650年頃には出雲《いずも》大社、その後も島根県内の多福寺《たふくじ》・松林寺《しょうりんじ》を転々とし、大阪の古物商を経て、1897年（明治30）、西光寺に納められたという。
誓願寺《せいがんじ》（福岡市西区）は国宝「誓願寺盂蘭盆縁起《うらぼんえんぎ》　栄西《えいさい》筆（附＝誓願寺建立縁起）」を所蔵する（九州国立博物館に寄託）。栄西は2度目の渡宋《そう》の前、誓願寺に泊まり、さまざまな著述をしたが、これは、1178年（治承2）、盂蘭盆会の由来と趣旨を綴《つづ》ったもの。「誓願寺建立縁起」も併せて指定を受けている。

そのほかには、太宰府天満宮（太宰府市太宰府）が所蔵する「翰苑《かんえん》巻第三十」が国宝。「翰苑」とは、中国の唐《とう》代にまとめられた類書《るいしょ》（諸書の資料をまとめて編集したもの）で、対句をまなぶための参考書である。全巻数は不明だが、ほとんどが失われ、太宰府本のみが現存する。

国宝の刀剣は2点だ。「太刀　無銘一文字《いちもんじ》（名物日光《にっこう》一文字）」と「刀（名物へし切《きり》）」である。日光一文字は日光二荒山《ふたらさん》に奉納されていた太刀で、北条早雲《ほうじょうそううん》が譲り受け、のち福岡藩黒田《くろだ》家に伝わったもの。なお、〝一文字〟とは鎌倉時代初期、備前《びぜん》国福岡に興った刀工の一派をいう。丁字《ちょうじ》乱れの刀紋が美しく、国宝に指定された作が多い。この刀は黒田家の先祖の土地でつくられた作品ゆえ、黒田家にとっては由緒深いものだ。へし切は織田信長の愛刀で、無礼を働き、棚の下に逃れた茶坊主を棚ごと圧し斬ったという逸話で有名だ。信長から豊臣秀吉を経て黒田家に伝来した。作者は長谷部国重《はせべくにしげ》で、室町時代初期の山城国《やましろ》の刀工。両刀とも福岡市博物館が所蔵する。

旧小倉藩の国宝は、修験道の聖地求菩提山《くぼてさん》の岩窟で発見された、釈迦《しゃか》や阿弥陀《あみだ》三尊などを線刻した「銅筥《どうばこ》（銅製の容れ物）」だ。なかには銅板に法華経《ほっけきょう》を刻んだ「銅板法華経」33枚が納められていた。一括しての指定で、国玉神社《くにたま》（豊前《ぶぜん》市岩屋町）が所蔵する。福岡県求菩提資料館で展示されている。もう1つは「刀（名物中務正宗《なかつかさまさむね》）」。正宗は室町時代初期に活躍した相模《さがみ》国の名工である。中務大輔《なかつかさのたゆう》を称した徳川家康の家臣本多忠勝《ほんだただかつ》が所持したことから中務正宗の号をもつ。忠勝が家康に献上し、以後、徳川家に伝えられた名品だ。現在は福岡県在住の個人が蔵する。

最後に紹介する旧柳川藩由来の国宝は、旧藩主立花《たちばな》家に伝わる「短刀　銘吉光《よしみつ》」だ。名工粟田口《あわたぐち》吉光（通称藤四郎）の作で、立花家初代の貞載《さだとし》が武功により、足利尊氏《あしかがたかうじ》から拝領したものという。立花家の別邸で、いまは料亭・宿泊施設として公開されている「御花《おはな》」付属の史料館が所蔵する。

culture

古代遺跡

菅原道真が流された大宰府は旧福岡藩領

福岡県には、日本の古代史を語るうえで欠かすことができない重要な遺跡が多い。文化財保護法に基づく「国指定の史跡」の数は、特別史跡5件を含め、計85件を数える。ちなみに、1位は奈良県の120件、2位は京都府の94件で、福岡県は3位にランクされる。

福岡県内では、旧福岡藩領がもっとも多い。中国大陸・朝鮮半島との交易の要衝であり、日本古代史の黎明《れいめい》を担った地域であるゆえだろう。その最たる史跡は「板付《いたづけ》遺跡」（福岡市博多区／旧福岡藩領）だ。縄文《じょうもん》時代晩期から弥生時代後期にわたる遺跡で、日本最古の水稲耕作跡であるとともに、最古の環濠《かんごう》集落跡（周囲に堀をめぐらせたムラ）であることが判明している。つまり、日本の農耕社会のはじまりを板付遺跡は物語るのだ。

弥生時代から古墳時代にかけ、日本の実権を握ったのはヤマト王権である。それに対抗したのが、北部九州を支配していた有力豪族の筑紫君磐井《つくしのきみいわい》だ。だが、朝鮮への進出をはかるヤマト王権に叛旗《はんき》をひるがえし、反抗の理由を明らかにしないまま討ち死にしてしまう（528年［継体天皇22］）。磐井の墓と目されている岩戸山《いわとやま》古墳（八女《やめ》市／旧久留米藩領）は、全長約135m、後円部径約60m、前方部幅約90m。北部九州で最大の規模をほこる前方後円墳だ。

飛鳥《あすか》時代に入り、大化《たいか》の改新《かいしん》（645年［大化元］）で政権を握った中大兄皇子《なかのおおえのおうじ》（のちの天智《てんじ》天皇）は、百済《くだら》再興の要請に応えて対馬《つしま》海峡を渡り、唐・新羅《しらぎ》連合軍と朝鮮半島で戦うが、白村江《はくすきのえ》で惨敗した（663年［天智天皇2］）。追撃を恐れたヤマト政権が築いた防衛拠点が史跡として残る。水城《みずき》跡（太宰府市・大野城《おおのじょう》市・春日市／旧福岡藩領）、大野城跡（大野城市・太宰府市・宇美《うみ》町／旧福岡藩領）、基肄《きい》城《じょう》跡（筑紫野《ちくしの》市・佐賀県三養基《みやき》郡基山町／旧福岡藩領・旧佐賀藩領）だ。

いずれも大宰府を防衛するための城塞で、たとえば大野城は大宰府政庁の北にそびえる大野山の山腹に、8㎞を超える長さの土塁《どるい》が築かれた。西には水城、南には基肄城が置かれ、それぞれ石垣・堀・土塁・城門・水門・建物などの遺構が残る。心配された唐・

新羅軍の襲来はなく、杞憂《きゆう》に終わったことは幸いだった。

　さて、大宰府（太宰府市／旧福岡藩領）は、大陸・半島との交流の窓口として外交・防衛の重要拠点であり、九州の行政・司法をつかさどる地方機関だった。本来、中央は地方を直轄するが、大宰府は特別行政府として、西海道9国3島の直接統治を任されている。その権限の大きさから、たんなる出先機関ではなく、〝遠《とお》の朝廷《みかど》〟と呼ばれた。

大宰府政庁復元模型（九州国立博物館所蔵、山﨑信一氏撮影）

　大宰府の成立時期は明らかでない。行政上の要地と認識されたのは6世紀半ばと思われるが、整備が進むのは白村江の戦い以後である。大宰府が政府機関として正式に発足したのは701年（大宝1）。〝大宝律令《たいほうりつりょう》〟の制定に基づく。
　大宰府の中心である政庁跡は〝都府楼《とふろう》跡〟とも呼ばれる。発掘調査により、南門・中門・正殿・後殿が一直線にならぶ朝堂院形式の建物配置であることが判明した。また、大宰府全体は、平城京や平安京と同じく条坊制《じょうぼうせい》に則《のっと》って都市計画されており、その規模は平安京の4倍もの広さだったと推定されている。

なお、右大臣菅原道真《すがわらのみちざね》が讒言《ざんげん》によって失脚し、大宰府に流されたのは、901年（昌泰4）である。赴任2年にして道真が同地で没し、葬られた廟が太宰府天満宮の起源となった。以後、この地は神前町として栄えていくことになるが、政庁としての大宰府は平安時代後期には廃《すた》れ、歴史に埋もれていく。こうして北部九州の古代は終わりを告げた。新たに政治・経済の中心として中世を動かしていくのは、博多湾沿岸の港湾都市である博多の町である。

ここに紹介した北部九州の古代史を雄弁に語る遺跡は、それぞれ史跡公園として整備されている。訪れると遠い古代が近く思えてくるだろう。ぜひ足を運んでほしいのは、2005年（平成17）、太宰府天満宮の裏に開館した〝九州国立博物館〟だ。設立の理念は〝日本文化の形成をアジア史的観点からとらえる〟。福岡県はもちろん、九州の歴史的立ち位置が具体的に展示される。

culture 神社

3つある総本社のうち2つは旧福岡藩領

福岡県には全国に名を知られる総本社が3つある。総本社とは、全国に分祀《ぶんし》された祭神のおおもとだ。つまり、本家である。そのうち2社は旧福岡藩領、残る1社は旧久留米藩領に鎮座する。

最初に紹介するのは旧福岡藩領に鎮座する宗像《むねかた》大社（福岡市）だ。祭神は天照大神《あまてらすおおみかみ》の子である〝宗像三女神〟の田心姫神《たごりひめ》・湍津姫神《たぎつひめ》・市杵島姫神《いちきしまひめ》である。起源は神話時代とされる。田心姫神は玄界灘に浮かぶ沖ノ島《おきしま》の沖津宮《おきつぐう》、湍津姫神は筑前大島《ちくぜんおおしま》の中津宮《なかつぐう》、市杵島姫神は沿岸地である田島《たじま》の辺津宮《へつぐう》に祀られる。

三女神は玄界灘の海上交通の安全を守る神として、地域の海人が崇める地方神だった。しかし、大和朝廷が大陸や朝鮮半島との関係を密にするにつれ、国家神へと変容していく。沖ノ島で発見された大量の祭祀遺物が、宗像三神への信仰の深さを物語る。こうして宗像三神は、玄界灘の神にとどまらず、海の神、航海の神、交通の神として、篤い信仰を得て、日本各地に勧請されていく。分社の鎮座地は、熊野灘や瀬戸内海など、宗像大社から延びる海上ルート沿いに多い。分社を基点に、海沿いだけでなく、内陸へとさらに広まっていった。

ちなみに、海上交通にこだわった平清盛《たいらのきよもり》が創建した世界文化遺産の〝厳島神社《いつくしま》〟（広島県廿日市市《はつかいち》）も宗像三神を祀る分社の1つだ。

次は太宰府天満宮（太宰府市）。これも旧福岡藩領にある。祭神は菅原道真《すがわらのみちざね》。道真は低い家柄ながら、明晰《めいせき》な頭脳で政治の舞台に登場し、朝廷の信任を得て、従二位右大臣に昇りつめる。それが気に入らない左大臣藤原時平《ふじわらのときひら》は、道真を陥れて失脚に追いこんだ。901年（昌泰4）のことである。

大宰権帥《だざいごんのそち》（大宰府の長官代理）として左遷された道真は、大宰府へ赴く。だが、失意のうち903年（延喜3）に死去した。葬儀の際、遺骸をのせた牛車が安楽寺の門前で動かなくなった。これは道真の意志だとして、遺骸は安楽寺の境内に葬られた。

その後、都では、疫病や異常気象、御所への落雷など不吉な事件が続き、〝道真の祟り〟

と恐れられた。御霊《おんりょう》を鎮めるため、朝廷は922年（延喜22）、官位を復して正二位を贈り、947年（天暦1）には道真を祀る社殿を建てた。北野天満宮（京都市上京区）の創祀である。

大宰府では919年（延喜19）、醍醐《だいご》天皇の勅により、道真の墓所に社殿が造営された。太宰府天満宮のはじまりである。時が流れるとともに御霊信仰は薄らぎ、道真は〝学問の神〟というイメージが広まっていく。現代では受験生の強い味方だ。「天満大自在天神」という神号を贈られ、天満宮を名のるようになった。太宰府天満宮は、北野天満宮とともに、天満宮の総本社として、全国に存在感を示す。

水天宮《すいてんぐう》（久留米市）は、旧久留米藩領を流れる筑後《ちくご》川の河畔に鎮座する。祭神は、安《あん》徳《とく》天皇（高倉《たかくら》天皇の第1皇子）、建礼門院《けんれいもんいん》（平清盛の娘で、高倉天皇の妻）、二位《にい》の尼《あま》（清盛の妻で、安徳天皇の祖母）の3柱に、天御中主神《あめのみなかぬしのかみ》を併祀する。ところが、本来は天御中主神ではなく、〝水天〟だった。

水天は天部《てんぶ》の仏で、十二天の1つ。竜をつかさどる水神としての性格をもつ。「水」に縁があるとして、日本では天之水分神《あめのみくまりのかみ》と習合した。〝みくまり〟という発音が〝みこもり〟（身籠り・御子守り）に通じるとして、安産・子育て・子どもの守り神として信仰を集めていく。明治になって神仏分離する際、水天は天御中主神に相応するとされ、祭神の座を譲ったのである。

創祀者は、高倉帝の中宮（清盛の娘で、安徳天皇の母。建礼門院）に仕えていた伊勢《いせ》という官女だ。壇《だん》ノ浦《うら》の戦い（1185年［寿永4／元暦2］）で当時8歳だった安徳天皇、建礼門院、二位の尼の入水を見届けた伊勢は、平家一門の菩提《ぼだい》を弔うため、逃れきた筑後の地に〝水天〟を祀った。建久年間（1190〜99）のことという。

伊勢は剃髪し、里人に請われて加持祈祷を行なうようになり、尼御前《あまごぜん》と称えられ、尊崇を集めていく。その頃、伊勢を訪ねてきた平知盛《とももり》の孫右忠を跡継ぎにしている。現代に続く社家である真木《まき》家のはじまりで、以後、久留米での神徳が衰えることはなかった。

江戸時代、久留米藩主の有馬《ありま》家は手厚い保護を施す。2代有馬忠頼《ただより》は現在地に遷座し、9代頼徳《よりのり》は江戸の久留米藩上屋敷に分霊した（132ページ参照）。ところが、これが安産に霊験あらたかと評判が広まり、毎月5の日に上屋敷を開放、一般参拝を認めることとした。賽銭や奉納品、お札の販売収入などで、年間2000両にものぼる収益があったという。

江戸で高まった名声は地方へも広まり、分祀も増えていった。

culture 初詣

初詣ランキングで群を抜く旧福岡藩の名社

福岡県には天神《てんじん》信仰の神社が多い。天満宮の本社である太宰府天満宮（旧福岡藩領／太宰府市）が鎮座する県だけのことはある。「太宰府天満宮」の初詣客は例年200万人前後だ。受験の神様ゆえに、季節柄〝駆けこみ需要〟も多いに違いない。全国ランキングではベスト10入りの常連である。東京圏や関西圏の名だたる社寺に伍《ご》しての順位だから、地方にある神社としては大健闘だ。もちろん、福岡県下ではダントツのベスト1。県下第2位は「宮地嶽《みやじだけ》神社」（旧福岡藩領／福津市）だ。創建1600年を誇る古社で、境内の古墳から出土した国宝の黄金の馬具などで知られる。それにあやかり、商売繁盛・金運・開運などにご利益がある神社として信仰が篤い。参詣客は100万人を超える。長さ13・5ｍの大注連縄《おおしめなわ》、直径2ｍの大太鼓、重さ450kgの大鈴の3つの日本一が神社の名物だ。近年、本殿の屋根が黄金色に葺き替えられた。

県下第3位は「鷲尾愛宕神社《わしおあたごじんじゃ》」(旧福岡藩領/福岡市)だ。もともとあった鷲尾神社に、1634年(寛永11)、京都の愛宕神社から分祠して現在の姿になった。勧請《かんじょう》したのは福岡藩主第2代黒田忠之《ただゆき》だ。黒田騒動での難を愛宕権現の霊験によって乗りきったことへの感謝という。そのため、難事を逃れる、事を断つ願掛けに参詣する人が多い。初詣客は約70万人。ウォーターフロントを見下ろす眺望がよい。

県下第4位は「宗像大社《むなかたたいしゃ》」(旧福岡藩領/宗像市)。初詣客は約65万人。日本神話に起源をもつ古社で、祭神は沖ノ島の沖津宮《おきつぐう》に祀られる田心姫神《たごりひめ》、筑前大島の中津宮《なかつぐう》に祀られる湍津姫神《たぎつひめ》、田島の辺津宮《へつぐう》に祀られる市杵島姫神《いちきしまひめ》。いずれも天照大神《あまてらすおおみかみ》の息女で、〝宗像三女神〟と呼ぶ。この三社の総称が宗像大社だ。三女神は航海の神なので、海上安全が本来の信仰だが、自動車などの交通安全、旅などの道中安全での崇敬も篤い。

県下第5位の「筥崎宮《はこざきぐう》」(旧福岡藩領/福岡市)は筑前国一宮《いちのみや》で、石清水八幡宮《いわしみずはちまんぐう》(京都府八幡市)、宇佐《うさ》神宮(大分県宇佐市)とともに日本三大八幡宮の1つとして知られる。創建は921年(延喜21)で、主祭神は応神《おうじん》天皇だ。元寇《げんこう》の際、亀山《かめやま》上皇が神門に〝敵国降伏〟の扁額《へんがく》を掲げ、国難を逃れたことから、海外防禦の神として信仰される。正月の参拝客は約55万人だ。

ベスト5にあがった神社は、旧福岡藩領に偏る結果になったが、旧小倉藩領には小倉祇園《ぎおん》太鼓で知られる「八坂《やさか》神社」（北九州市）がある。創建は870年（貞観12）で、江戸時代初期に小倉藩の総鎮守と位置づけされ、京都の祇園祭りを取り入れた例祭がはじまった。

旧久留米藩領には「高良大社《こうらたいしゃ》」（久留米市）がある。筑後国一宮で、社伝では400年（履中天皇1）の創建という。厄除け・開運・延命長寿・交通安全のご利益で知られる。次いで人気があるのは「水天宮」（久留米市）だ。創建は1190年（建久1）。壇ノ浦で入水した安徳《あんとく》天皇の菩提を弔うために祀られた。子授かり・安産・子育ての神として名高く、水難避けにも霊験があると敬われる。

旧柳川藩領では柳川藩総鎮守の「日吉《ひよし》神社」（柳川市）の人出が多い。創建は1290年（正応3）で、代々の藩主が篤く信仰を寄せた。家内安全・交通安全・商売繁盛などにご利益あり。大晦日から節分までの間、縦横5mにおよぶ大きなお多福《たふく》の面が境内に飾られる。面をくぐって1年のご多幸を祈るのが当社の流儀だ。

culture

夏祭り

旧福岡藩領の祇園山笠と旧小倉藩領の祇園太鼓・祇園大山笠

「博多祇園山笠《はかたぎおんやまがさ》」（旧福岡藩領／福岡市）、「小倉祇園太鼓《たいこ》」（旧小倉藩領／北九州市）、「戸畑《とばた》祇園大《おお》山笠」（旧小倉藩領／北九州市）は、福岡県の〝三大夏祭り〟と称される。開催日は、博多祇園山笠が毎年7月1〜15日、小倉祇園太鼓が7月第3週の金土日、戸畑祇園大山笠が7月第4週の金土日。というわけで、福岡県の7月は祇園祭り一色になる。

博多祇園山笠のはじまりについて諸説あるが、博多で疫病が流行した鎌倉時代の1241年（仁治2）と伝わる。承天寺《じょうてんじ》の開山である聖一国師《しょういちこくし》（円爾《えんに》）が、疫病退散を祈祷して、町民が担ぐ施餓鬼棚《せがきだな》に乗り、水を撒きながら町を回って清めたことにちなむという。

伝統を守ってきたのは、櫛田《くしだ》神社の氏子〝博多っ子〟である。玄界灘に臨む港湾都市として栄えてきた博多の町は、戦国期の戦乱により荒廃する。再興に取り組んだのが天下統一を果たした豊臣秀吉で、秀吉は博多の都市計画にあたり、町を〝流《ながれ》〟という地区に分けて整備した。これを〝太閤町割《たいこうまちわり》〟という。この流が基本となって、現在、博多祇園山笠は7流の組織で運営されている。

かつては飾り立てた〝山笠〟（いわゆる山車《だし》）が練り歩いて華美を競っていたが、1687年（貞享4）、土居《どい》流が石堂（のちには恵比須《えびす》）流に追い越されたのをきっかけに、両者が先を急ぐマッチレースを繰り広げた。これが観衆に大人気で、以後、山笠を担いでスピードを競う〝追い山笠〟がはじまる。

幕末から明治にかけての山笠は、十数メートルの高さを誇った。それを担いでいたのだが、街なかに電線が張られるようになり、運行できなくなったため、展示用の〝飾り山笠〟と、実際に動く〝舁《ひ》き山笠〟に分化した。

小倉祇園太鼓は北九州市小倉北区で行なわれる。小笠原《おがさわら》家が封じられる前、1618年（元和4）にはじまった。京都出身の藩主細川忠興《ほそかわただおき》が小倉藩の鎮守として城下の繁栄、無病息災を祈念し、八坂《やさか》神社を創建したのにともない、祇園祭を取り入れたのである。はじめは飾り付けをした山車が巡行したが、明治に入って、太鼓を据えた山車で街なか

昭和30年代の戸畑祇園大山笠（©アソシエ地図の資料館所蔵）

を練りながら、太鼓を打ち鳴らす祭りへと変化した。

祭りが有名になったのは、1943年（昭和18）、映画『無法松《むほうまつ》の一生《いっしょう》』（原作＝岩下俊作《いわしたしゅんさく》、主演＝阪東妻三郎《ばんどうつまさぶろう》）の公開以降だ。主人公の荒くれ人力車夫、富島松五郎《とみしままつごろう》が、密かに思いを寄せる女性への情を断ち切るように太鼓を暴れ打つ姿に、多くの人が感動したのだ。

祭り当日は、街なかに勇壮な太鼓の音が響きわたる。町内会のチームは山車を曳きながら地元を回り、それ以外の一般団体チームは商店街など、公開された場所で、据えた太鼓を打ち鳴らす。クライマックスは、中日に小倉城大手門前広場で行なわれる山車競演大会。小倉太鼓の特徴である〝両面打ち〟の技を約100チームが競い合う。

戸畑祇園大山笠は、北九州市戸畑区で行なわれる。1802年（享和2）、疫病が蔓延し、神社に祈祷したところ治まったため、翌年、感謝の意をこめて山笠を奉納したのがはじまりという。

4地区あり、それぞれから高校生以上が担ぐ〝大山笠〟、中学生が担ぐ〝小若山笠〟が、お囃子《はやし》を奏でながら町内を練り歩く。見どころは中日の夕暮れから行なわれる競演会。とくに山笠の昼の姿である〝幟大山笠〟（昼山）の幟を下ろし、309個の提灯をピラミッド型に積み上げた〝提灯大山笠〟（夜山）は美しく、勇壮だ。

旧久留米藩領に鎮座する水天宮（久留米市）では、8月5〜7日、夏例大祭が催され、神事の後、山車が町内を練り歩く。お楽しみは筑後川河畔にあがる花火大会だ。旧柳川藩領にある八剣《やつるぎ》神社（柳川市）は旧称を祇園社といった。往時の伝統を受け継ぐ〝中島祇園祭り〟は7月末の土曜日に催され、町内を舞い踊り、山車がめぐって賑わう。

福岡県の夏は、祭りで熱い。

culture

伝統芸能

戦国武将に愛された幸若舞を守り伝えた柳川藩

「人間《じんかん》五十年、下天《げてん》のうちを比ぶれば、夢幻《むげん》の如くなり」という一節を、一度は耳にしたことがあるだろう。戦国時代の流れを変えたといわれる桶狭間《おけはざま》の合戦（1560年［永禄3］）への出陣前、織田信長《おだのぶなが》が決死の覚悟で、謡い舞った幸若舞《こうわかまい》「敦盛《あつもり》」にある名文である。

幸若舞は室町時代に生まれ、信長はじめ、多くの戦国武将に愛された芸能だ。武士の華やかにして物悲しい名場面を演目にするものが多いので、好まれたのだろう。日本各地に流派が立ったが、江戸時代の終焉《しゅうえん》とともにいつのまにか廃れ、伝承が途絶えてしまった。

ところが、旧柳川藩領のみやま市瀬高《せたか》町大江《おおえ》地区の人びとが、現代にいたるまで幸若舞を継承しているのだ。幸若舞は越前《えちぜん》出身の桃井直詮《もものいなおあき》が創始したという。諸流のなかに〝大頭流《だいがしらりゅう》〟があり、それが柳川にもたらされ、藩はこれを保護した。大江に入ったのは

旧柳川藩領にある大江天満神社での幸若舞奉納

1787年（天明7）と伝わる。

藩主の立花家は、領国を大切にした。維新後も旧領地の地域振興につくしたことはよく知られる。そうした郷土意識があればこそ幸若舞が現存し、信長の心境へと現代人を誘うのだ。地域では幸若舞保存会の尽力で口承復元に取り組んでおり、毎年1月20日、大江天満神社で奉納演舞が催されている。

村中総出で守り続けてきた郷土芸能をひと目見ようと、歴史や芸能の研究者はもちろん、信長ファンも含め、多くの人が訪れるようになった。1976年（昭和51）には、国の重要無形民俗文化財に指定されている。

ところ変わって、久留米市善導寺《ぜんどうじ》町にある善導寺は、1191年（建久2）建立で、浄土宗鎮西《ちんぜい》派の根本道場として知られる。本堂・大門はじめ、善導大師坐像・

鎮西上人坐像など、数々の国重要文化財を所蔵する名刹だ。にもかかわらず、この寺は「箏曲《そうぎょく》」という芸能発祥の地というから面白い。

箏曲とは、中国伝来の〝箏〟を奏でる音楽をいう。その後、日本で普及していく〝琴《こと》〟の祖型だ。善導寺には来日中の明人《みん》から中国の箏曲が伝えられ、それを仏事の音楽として取り入れてきた歴史がある。それをこの寺の僧で楽曲に興味をもった賢順《けんじゅん》（1534？～1623？）が整理して、新たな箏曲をつくりだした。これが「筑紫箏《つくしごと》」である。高尚で雅な調べだったという。

賢順が創出した筑紫箏は弟子に受け継がれ、三味線で名をなしていた音楽家の八橋検校《やつはしけんぎょう》（1614～85）が取り入れることになる。検校がつくった数多くの箏曲は、筑紫箏よりも世俗的で明るく、芸術性に富んでいたので、人気を得ていく。こうして検校は日本の箏の基礎を固め、それが現代におよぶ。このような箏の歴史から、善導寺は「箏曲発祥の地」と呼ばれてきた。久留米市では1994年（平成6）から〝賢順記念全国箏曲祭〟を催している。賢順の業績を讃え、箏曲の魅力を全国に発信するイベントだ。会派・流派の枠にとらわれず、全国から集まる演奏者が腕を競う。

福岡県にはもう1つ忘れてはならない伝統芸能がある。「筑前琵琶《びわ》」だ。日本の琵琶音楽は、奈良時代に中国から入り、盲目の僧形の芸能者らがさまざまな様式で演奏し、筑前地方で盛んだった。こうした伝統を受け継ぎ、明治に新しい音楽として博多に生まれたのが筑前琵琶だ。創始にあたっては福岡藩士の娘である吉田竹子《よしだたけこ》の活躍が大きい。

筑前琵琶の調べは女性的で、音色はおだやか。女性奏者が多く、娘《むすめ》琵琶としても人気を集めた。明治天皇への御前演奏で全国に広まるが、大正デモクラシーの時代、洋楽が流行るようになり、ブームは去っていく。太平洋戦争を経て、高度経済成長期を迎えると、琵琶の音色は消えてしまった。だが、伝統芸能の見直しがはじまり、筑前琵琶の保存・啓蒙活動も盛んになってきている。

旧小倉藩領で生まれた伝統芸能をあげるとすれば、歴史的には新しいが、〝バナナの叩き売り〟をあげてよいだろう。大正初期に北九州市の門司港《もじこう》近辺ではじまったとされる。台湾から大量に輸入されるようになったバナナは腐りやすいため、商品価値を落とす前に、仕入れた露天商や的屋《てきや》が独特の口上《こうじょう》で客の関心をひき、バナナを売ったのだ。こうしたたくましさが、福岡県人気質を育てていく。

culture

大名庭園

出色は柳川藩立花家の名園

福岡県の大名庭園としては、柳川藩立花家のものが出色だ。柳川城の南西近くにあり、1697年(元禄10)、藩主の別邸として建設された。敷地は約7000坪。参勤交代で柳川を行き来する大名をもてなすこともあったという。

城内の二の丸が手狭になったため、1738年(元文3)に増改築し、藩主の側室や子弟、女中らが住むようになる。幕末になると藩主が常住し、事実上、藩主の私邸となった。この別邸は「御花《おはな》」と通称されたが、明治期に入ると、屋敷地全体を〝立花氏庭園〟と呼ぶようになった。

維新後、立花家は御花を自邸として使用する。庭園の改修、書院・西洋館の建設を行ない、明治末年には和館と洋館が建ち並ぶ名勝になった。屋敷内にある庭園を〝松濤《しょうとう》園《えん》〟という。宮城県にある日本三景のひとつ松島の情景を模した意匠で、海に見立てた

柳川の名所「御花」に残る洋館

大池には大小の岩を配置し、点在する島で広がりをつけている。池の周囲を２８０本もの老松が囲み、華やかだ。

太平洋戦争後、立花家は大きな決断をする。生活に困窮する華族が多いなか、先祖が残してくれた〝御花〟を利用し、料亭業を営むことにしたのだ。また、立花家が所有する貴重な遺物や史料などを収集・展示する別館も併設した。

この試みは成功し、水郷柳川の観光の名所として、また大名文化を伝える文化施設として、柳川の人びとや観光客に親しまれている。柳川の歴史と文化が「柳川御花」に詰まっているといえよう。

だが、立花家のように成功するのは希有な例だ。小倉藩小笠原家の場合、5代藩主忠苗《ただみつ》は、〝御遊所〟

小倉城跡に復元された庭園

と呼ばれた城内の下屋敷に池を配した回遊式庭園を設けている。広さは約２７００坪。１８３７年（天保８）、火災で全焼、２年後に再建されたが、第２次長州征伐の際、長州勢に攻めこまれると、城に火を放って退却、小倉城は焼失した。

　小倉城天守閣が再建されたのは１９５９年（昭和34）のことだ。それにともない、城跡の整備が進められ、下屋敷も復元され、大名庭園も築かれた。一般的な大名庭園を模したものだが、大名の暮らしの一端に触れることができる。とくに書院では、藩主小笠原家が伝えた〝小笠原礼法〟を紹介する体験ゾーンがあり、往時の雰囲気が伝わって楽しい。

　福岡藩黒田家は、城の南に〝友泉亭《ゆうせんてい》〟という別荘をもっていた。６代藩主継高《つぐたか》が１７５４年（宝暦４）に建設したもので、敷地は約３０００坪。園内には日本庭園があり、取り囲む木々が幽玄な雰囲気をかもす。池に遊ぶ鯉を愛《め》でながら茶室でお茶をいただけば、日常の喧噪《けんそう》を忘れるだろう。

この友泉亭は維新後、小学校や役場として利用されたのち、民間にわたるが、朽《く》ちはじめたので、市が取得して整備し、一般に開放している。52万3000石の大藩とは思えないこぢんまりした空間に、質実剛健の家風がうかがえる。

福岡藩黒田家別邸だった友泉亭(福岡市提供)

久留米藩の9代藩主有馬頼徳《よりのり》は、財政に苦しむ藩政を顧みず、道楽に明け暮れた。よりによって、治政が33年におよんだから、たちが悪い。城の北西に広がる土地に、約3000坪の〝柳原庭園〟をつくり、そこで鷹狩りや製陶三昧の日々を送った。庭園が完成したのは1825年（文政8）。しかし、天保の改革（1841～43）で幕府が華美を禁じると、懲戒を恐れ、庭園を取り壊してしまった。

culture

江戸藩邸

江戸っ子が押しかけた久留米藩邸のご利益

各大名は、江戸の中心から郊外にかけて、幕府から複数の屋敷用地を与えられていた。それを江戸藩邸《はんてい》という。屋敷の用途により、上屋敷《かみやしき》・中屋敷《なか》・下屋敷《しも》に分かれる。

上屋敷は藩主と家族が居住し、藩の行政機能をはたすところだ。中屋敷は上屋敷の控えで、隠居した元藩主や、成人した世継ぎの主に居住地として使われた。下屋敷は藩主の別邸として使われることが多く、散策を楽しむため庭園などが設けられていた。屋敷の広さは、石高に応じた基準があったが、厳密ではなかったようだ。なお、江戸城にもっとも近い場所に置かれたのが上屋敷、もっとも遠くて広いのが下屋敷、近くも遠くもない場所にあるのが中屋敷といってよい。

小倉藩は、上屋敷が神田橋内、中屋敷が下谷《したや》、下屋敷が市ヶ谷にあった。上屋敷の広さは約1万2000坪。跡地は現在の千代田区大手町1丁目・2丁目近辺で、読売新聞東京本社・東京サンケイビル・大手町ビルヂングなどが建ち並ぶ、日本を代表するビジネス街の一角を担う。近くには昔ながらに日本橋川が流れ、神田橋が架かる。往時の面影はまったくないものの、江戸城はすぐ近くだ。

福岡藩は、上屋敷が桜田霞ヶ関、中屋敷が溜池《ためいけ》、下屋敷が渋谷にあった。上屋敷の広さは約2万坪。跡地は現在の千代田区霞が関2丁目で、外務省の庁舎になっている。明治維新当初からずっと外務省の敷地として使われ、戦災で焼失するまで、〝御長《おなが》屋《や》〟と称されていた建物が残っていた。その石垣は現存しており、往時の面影を伝える。また、屋敷に飾られていた高さ2mもの大きな鬼瓦が、東京国立博物館の敷地内に移設されているが、黒田家の威厳をうかがわせる。

霞ヶ関にあった福岡藩上屋敷（福岡市博物館所蔵）

久留米藩は、上屋敷が芝三田、中屋敷が本榎《ほんえのき》、下屋敷が高輪《たかなわ》にあった。上屋敷の広さは約2万5000坪、跡地は現在の港区三田1丁目で、三田国際ビルヂング・東京都済生会中央病院・区立赤羽小学校などが建つ。東京タワーが目と鼻の先にそびえる。

なお、上屋敷には久留米から水天宮が分祀されていた。藩の関係者以外は屋敷内に入れないため、江戸っ子は塀越しに賽銭を投げて安産祈願したという。その人気が高いのに配慮して、久留米藩は毎月5の日、上屋敷を一般に開放した。粋な計らいに、久留米藩の株は上がる。廃藩置県によって有馬家の屋敷が旧藩の中屋敷（現・中央区日本橋蠣《かき》殻町《がらちょう》2丁目）へ移転すると、水天宮も同所へ移った。それが現在も参詣客が絶えない東京水天宮である。

柳川藩は、上屋敷が下谷御徒町《おかちまち》、中屋敷が浅草鳥越、下屋敷は浅草末《すえ》にあった。上屋敷の広さは約1万3000坪。跡地は現在の台東区東上野1丁目周辺で、住宅地が混在する落ち着いた商業地になっている。一角にはコリアタウンもある。下屋敷は現在の台東区千束《せんぞく》2丁目・入谷《いりや》2丁目あたりで、屋敷内に太郎稲荷《たろういなり》神社が祀られていた。柳川藩祖の立花宗茂《むねしげ》の守護神で、宗茂を祀る三柱《みはしら》神社の境内社を柳川から分霊したものだ。江戸時代は庶民の信仰が厚く、神前は賽銭供物で山を築くようだったという。立花邸は廃されたが、太郎稲荷神社はいまも跡地にたたずむ。

culture

菩提寺

普茶料理を味わえる柳川の福厳寺

福岡県には、多くの古寺名刹がある。天智天皇《てんち》が建立を発願した観世音寺《かんぜおんじ》（太宰府市／旧福岡藩領）、開山を弘法大師《こうぼう》空海《くうかい》と伝える鎮国寺《ちんこくじ》（宗像市／旧福岡藩領）、日本最初の禅寺として知られる聖福寺《しょうふくじ》（福岡市／旧福岡藩領）などが有名だが、ここでは、4大藩の藩主家の菩提寺を紹介しよう。いずれも創建は近世だが、格式を誇る地域の寺院として信仰を集める。

小倉藩小笠原家の菩提寺は、臨済《りんざい》宗黄檗《おうばく》派の福聚寺《ふくじゅじ》（北九州市）だ。藩祖小笠原忠真《ただざね》が1665年（寛文5）に創建した。開山は派祖隠元《いんげん》の高弟である即非如一《そくひにょいつ》。七堂伽藍を誇ったが、幕末期の長州との戦闘で兵火に見舞われ、本堂をはじめ多くの堂宇が失われる。幸い、総門、鐘楼などは残され、昔日の面影をとどめる。どこかしら中国風の雰囲気が漂う境内の風情が面白い。

福岡藩黒田家の菩提寺は、臨済宗大徳寺《だいとく》派の崇福寺《そうふくじ》（福岡市）。創建は1240年（仁治1）と古く、大宰府に建立されたが、1601年（慶長6）、藩祖黒田長政《ながまさ》が現在地に移し、菩提寺にした。黒田孝高《よしたか》（官兵衛／如水《じょすい》）、長政をはじめ、一門の墓がある。境内に立つ山門、仏殿は、福岡城の遺構を移したものだ。なお、太平洋戦争で福岡がアメリカ軍に空襲された際、崇福寺は大きな被害を受けた。博多商人で茶人だった神屋宗湛《かみやそうたん》ゆかりの茶室で国宝の「湛浩庵《たんこうあん》」も焼失した。

久留米藩有馬家の菩提寺は、臨済宗妙心寺派の梅林寺《ばいりんじ》（久留米市）である。もともとは丹波国福知山にあったが、藩祖有馬豊氏《とようじ》が1620年（元和6）に福知山から久留米に転封されたため、現在地に移された。修行の厳しさで知られ、本山妙心寺の管長を出すなど、多くの名僧がここから育つ。

柳川藩立花家の菩提寺は、臨済宗黄檗派の福厳寺《ふくごんじ》（柳川市）。もとは曹洞宗だったが、1674年（延宝2）に改宗、3代藩主の忠茂《ただしげ》が黄檗の教えに帰依していたことに由来するようだ。これ以後、柳川では黄檗寺院が数々開かれ、中国風の精進料理である〝普《ふ》茶《ちゃ》料理〟が広まっていく。

culture

隠れキリシタン
幕末に〝発見〟された久留米藩の200戸

日本にキリスト教を伝えたフランシスコ・ザビエルは、鹿児島に上陸すると、平戸《ひらど》、博多、小倉、山口を転々とし、伝道を行なっていく。当時、小倉城主だった毛利勝信《もうりかつのぶ》が布教を容認したため、小倉にキリスト教信者が根づいた。代わって細川忠興《ただおき》が領主になると、さらに信者は増えた。というのも、忠興の妻ガラシャ（玉《たま》）が熱心な信者だったため、忠興は小倉でキリスト教を保護したのである。

だが、関ヶ原合戦を前にガラシャは殉教し、徳川家康に与《くみ》した忠興は、1613年（慶長18）、徳川幕府がキリシタン禁制に乗りだすと、弾圧に走った。こうして、小倉藩からキリシタンは姿を消していく。

福岡藩の初代藩主である黒田長政《ながまさ》の父孝高《よしたか》（如水《じょすい》）は、有名なキリシタン大名だった。1602年（慶長7）、博多に教会が建設され、信者が増えていく。だが、孝高が没すると、長政はキリスト教に対し、冷淡になっていった。キリスト教禁止令が出ると、小倉藩と同様、改宗しない者には厳しく弾圧を加えたのだ。

だが、禁教の時代、密かに信仰を守った人びとがいた。いわゆる「隠れキリシタン」である。彼らは表向き仏教徒を装い、ごく小さな秘密組織をつくって、〝オラショ（祈祷文）〟を唱え、ロザリオ（祈りの際に用いる数珠状の小道具）、クルス（十字架）、聖像・聖画を秘匿《ひとく》して、祈り続けたのである。

小倉・福岡だけでなく、久留米・柳川でも、キリシタンの弾圧が行なわれたのはいうまでもない。1637年（寛永14）から翌年にかけて起こった島原の乱以降は、キリシタンの取り締まりはいっそう厳しくなる。年月を経るにつれ、各地の隠れキリシタン組織も次第に途絶えていったと思われる。

ところが、隠れキリシタンの存在をうかがわせる〝メダイ〟が、2004年（平成16）、北九州市八幡区の黒崎《くろさき》城下の町屋敷跡で発掘されたのである（旧福岡藩領）。メダイとは、ポルトガル語でメダルを意味する。イエス・キリストや聖母マリア、聖人、教会など、宗教的な絵が描かれており、信者が信仰の証として身につけるものだ。北九州市内では初、福岡県でも3例目という。

発掘されたものは楕円形で、長さは2・8㎝。材質は錫と鉛の合金である。片面にキリスト、もう片面に聖母マリアが描かれている。信仰を守ったのか、破棄したのか、土中に埋もれた事情はわからないが、すくなくとも、隠れキリシタンが潜んでいたことは確かだろう。

久留米藩領の三井《みい》郡大刀《たち》洗《あらい》町今村で、江戸時代初期以来、信仰を守り続けた隠れキリシタン2000戸ほどの存在が確認されたのは1867年（慶応3）だ。彼らを〝発見〟したのは大浦天主堂《おおうらてんしゅどう》（長崎市）のベルナール神父。神父は彼らを秘し、キリシタン禁令が解禁されるのを待って（1873年）、洗礼を施したのだった。1000名を超えたという。300年間も密かに守った信仰の奇跡を記念するため、1913年（大正2）に建てられたのが、赤レンガづくりの今村カトリック教会だ。

旧久留米藩領にある今村カトリック教会

culture

物怪

英彦山の天狗、博多湾の人魚、筑後川のカッパ

福岡と大分の県境にそびえる英彦山《ひこさん》（山頂は旧小倉藩領／標高1200m）は、羽黒山《さん》（山形県）、大峰山《おおみねさん》（奈良県）とともに、「日本三大修験《しゅげん》の山」として知られる。いまでこそハイカーの明るい声がこだまする観光地だが、かつては人跡まれな深山幽谷の地だった。山中には奇岩あり、難路ありで、いかにも山伏《やまぶし》の修行の場にふさわしい。

盛時には3000を超える堂宇《どうう》が立ち並び、下界の権力も山岳の勢威を恐れるほどだった。庶民も容易には近づけない。自然を畏怖《いふ》する心が生んだ幻想ゆえか、あるいは跳梁《ちょうりょう》する山伏を見誤ってのことか、いつしか英彦山には〝天狗《てんぐ》〟が棲《す》むと信じられるようになる。業《ごう》の強い山伏が死後に転生《てんしょう》した姿ともいわれた。

赤い高鼻で、背に翼をそなえる姿がおなじみの天狗は、山の神であり、魔物である。英彦山の天狗の頭領が「豊前坊《ぶぜんぼう》」と呼ばれる〝大天狗〟だ。ふつうの天狗より、神通力

にひいで、鼻がとくに高い。九州に跋扈《ばっこ》する天狗をしたがえ、日本を代表する〝八大天狗〟の1つにあげられる。

英彦山中に鎮座する「高住《たかずみ》神社」は、万民を病苦から救う神を祀る古社だ。それを守護するのが豊前坊で、配下の天狗をあやつり、無慈悲な輩には鉄槌を下し、信心深い者には願いをかなえさせたという。豊前坊に対する地域の人びとの信仰は篤く、旧小倉藩も無視できない勢力だった。畏怖心を植え付けて、天狗は山を守ったのである。

一魁齋芳年の描いた「彦山豊前坊（五條の月）」
（国際日本文化研究センター所蔵）

山に恐ろしい物怪《もののけ》がいれば、海には美しい（？）物怪がいる。人魚《にんぎょ》だ。西欧の場合、人魚といえば〝人魚姫〟（マーメイド）が多いが、日本では男姿も……。日本にも各地に人魚伝説があり、最古の記録は『日本書紀』推古《すいこ》天皇紀にある大坂の事例という。博多湾に人魚があらわれたのは1222年（貞応1）。岸に流れついたというから、すでに死んでいたようだ。

幕府に異変を報告し、検分の結果、人魚と断定された。人魚を手厚く葬ったのが龍宮《りゅうぐう》寺《じ》（旧福岡藩領／福岡市博多区）で、現在も〝人魚の骨〟を大切に保管している（拝観可能）。なお、その際に描いた人魚図を掛軸として秘蔵しているが、それによれば、上半身は天女のようで、下半身は鱗におおわれた魚である。まさにイメージどおりの人魚姿だが、往時の作かといえば、かなり疑わしい。

人魚伝説は洋の東西を問わず、不吉な予兆とみなされることが多い。水の怖さを教える記憶として語り継がれてきたのだろうか？ なにかに気を取られて、操船を過ち、水難事故に遭うというのは、古今、繰り返されてきたことだ。逆に人魚の立場からすれば、人間はわが海を荒らす悪人に思えたかもしれない。

同じようなことが、舞台を川に移してもいえるだろう。旧久留米藩領・旧柳川藩領を流れる筑後川は、阿蘇山《あそさん》を水源として筑紫《ちくし》平野を流れ、有明海《ありあけかい》にそそぐ九州最大の河川だ。利根《とね》川（坂東太郎《ばんどうたろう》）、吉野《よしの》川（四国三郎《しこくさぶろう》）とともに〝日本三大暴れ川〟にあげられ、

〝筑紫次郎《ちくしじろう》〟の異名をもつ。流域で生活する人びとにとっては、豊富な農産物や水産物を恵んでくれる〝母なる川〟でもある。だが、困ったことに水難に住民は悩まされ続けてきた。江戸時代以降の大水害は約200回を超えるという。小さなものも入れれば、数かぎりない。この間、多くの人命が失われたはずだ。人間が川から恩恵を受けるということは、裏返してみれば、川との過酷な戦いを物語る。それを〝物怪〟という立場から見ていたのが「カッパ」である。

いたずら好きで、人を水中に引きずりこんで殺してしまうこともしばしば。ただ、凶暴ではないらしい。というのも、義理がたい一面をもち、助けてもらった人に対しては恩返しするという伝説もあるからだ。つまり、カッパは、人間に水の怖さを気づかせるとともに、水から受ける恩恵に感謝するよう教えているといってよい。久留米・柳川には、カッパ伝説が数々知られている。

ここで紹介した福岡県の物怪伝説の一部は、人間と自然が共存共栄する道を気づかせてくれる。昔話として、一笑に付してはいけない。伝説は、自然を犠牲にして築いてきた人間の文明の危うさを教える。

こぼれ話

大名火消で名を高めた久留米藩

「火事と喧嘩《けんか》は江戸の華」といわれる。居住地が密集した江戸の町は火事が多く、火消《ひけし》の働きが華々しかったうえ、江戸っ子は気が短いため、喧嘩が多かったことをいう。火事の際には対抗心から、火消同士の喧嘩も絶えなかった。江戸では、火事も喧嘩も文化のうちだ。

さて、江戸の町の消防組織は、大名家が担う〝大名火消〟、町人で組織された〝町《まち》火消〟、旗本が受け持つ〝定《じょう》火消〟からなる。久留米藩は、1668年（寛文8）、3代藩主有馬頼利《よりとし》が芝増上寺《しばぞうじょうじ》の「火の御番」の役を仰せつかって以来、幕末まで約200年にわたってつとめた。増上寺は徳川将軍家の菩提寺なので、名誉ある大役だ。

久留米藩が増上寺の御番を下命された理由は、藩の上屋敷が古川《ふるかわ》を隔て、増

大名火消。この絵は加賀藩を描いたもの（歌川豊國「加賀鳶の圖」国立国会図書館所蔵の一部）

上寺の境内に隣接していたからだろう。「火事だ！」となれば、華麗な火事装束をまとった馬上の殿様に続き、家臣・人足たちが、古川に架かる赤羽橋《あかばねばし》を走りわたって一目散に駆けつけた。火事場では殿様が陣頭に立ち、采配を振るったという。その勇壮さが評判になり、〝有馬火消〟の名は江戸中に広まった。

じつは上屋敷には、1818年（文政1）、久留米から水天宮が分祠されており、塀越しに賽銭を投げ、お参りする人が絶えなかった。それに配慮した藩は、5の日にかぎって、屋敷内での参拝を許したのである（132ページ参照）。藩の粋なはからいに「情け有馬の水天宮」といわれるほど人気だった。水天宮は子授け・安産の神様であり、同時に水の神様だから、火の御番にはうってつけだ。

画面左上に火の見櫓が描かれている（安藤広重「東都名所芝赤羽橋之図」国立国会図書館所蔵）

また、当時は上屋敷内に三田段丘があり、その高台に、高さ3丈（約9m）の火の見櫓《やぐら》が建てられていた。立地点の標高は20mほどなので、合わせて30m。江戸一番の高さを誇り、江戸のランドマークだった。安藤広重《あんどうひろしげ》の浮世絵「江戸名所芝赤羽橋之図」にも火の見櫓が描かれている。

「湯も水も火の見も有馬名が高し」との地口《じぐち》は、有馬温泉、水天宮、火の見櫓は有馬が一番との評判を詠んだものだ。火の御番は出費も少なくなかった。でも、懐を痛めたぶん、久留米藩の評判を江戸で高めたのである。

こぼれ話

玩具から装飾人形へ進化した博多人形

福岡《ふくおか》藩博多《はかた》の中《なか》ノ子吉兵衛《こきちべえ》（1797〜1856）がつくりはじめた人形は、本来、土俗的な風合いをもつ土人形《つちにんぎょう》だった。1850年（嘉永3）に発表した、節句用の素焼き着色の大型雛《ひな》人形や兜《かぶと》人形は、玩具という殻を破った作品で、博多の町で評判となる。

中ノ子家の人形を大きく変化させたのは、吉兵衛の子である吉三郎だった。吉三郎は日本画の描法を人形製作に取り入れ、写実的な歌舞伎《かぶき》人形を仕上げる。1868年（明治1）のことだ。これを転換点として、人形から土俗的な色合いは次第に失せていき、生き生きとした表情や、きめ細かい肌の表現などを追求し、観賞用の装飾人形になっていく。

1890年（明治23）、大阪で開催された〝第3回内国勧業博覧会〟に出品、

博多人形（福岡市提供）

好評を博して、表彰される。このとき、地元でふだん呼んでいた「博多素焼き人形」の名で展示していたにもかかわらず、表彰状には「博多人形」と記されていた。〝素焼き〟の文字が抜けた理由はわからないが、以後、〝博多人形〟という名が根づき、人気の高まりとともに需要が増えていく。吉三郎の門下生も独立し、人形師も多くなっていった。

人形の題材は種類が多く、美人もの、歌舞伎もの、武者もの、能もの、童もの、宗教もの、風俗ものなど、さまざま。完成度の高い人形は、静止しているにもかかわらず、まるで生きているかのよう。人形の心が伝わり、人形の姿からドラマが浮かびあがる。人形師の魂が込められているからなのはいうまでもない。

1900年（明治33）にはパリ万国博覧会に出品され、国際的評価を得た。

博多人形が出品された第3回内国勧業博覧会（長谷川園吉『廿三年博覧会実況』国立国会図書館所蔵の一部）

美人ものの人形だ。透き通るような白い肌にあでやかな着物、優美な物腰、切れ長の目……。日本女性の美しさに、外国人は惹かれたことだろう。それは博多人形の質の高さを世界に示した偉業だった。以後、博多人形は日本を代表する人形として、来日する外国の賓客への土産《みやげ》として重宝されるようになる。

いっぽうで現在も、伝統的な土人形を製作する人形師もいる。玩具としての土人形は、装飾的な「博多人形」と区別するため、「古博多人形」と呼ばれる。

第4章

「産業」対決！

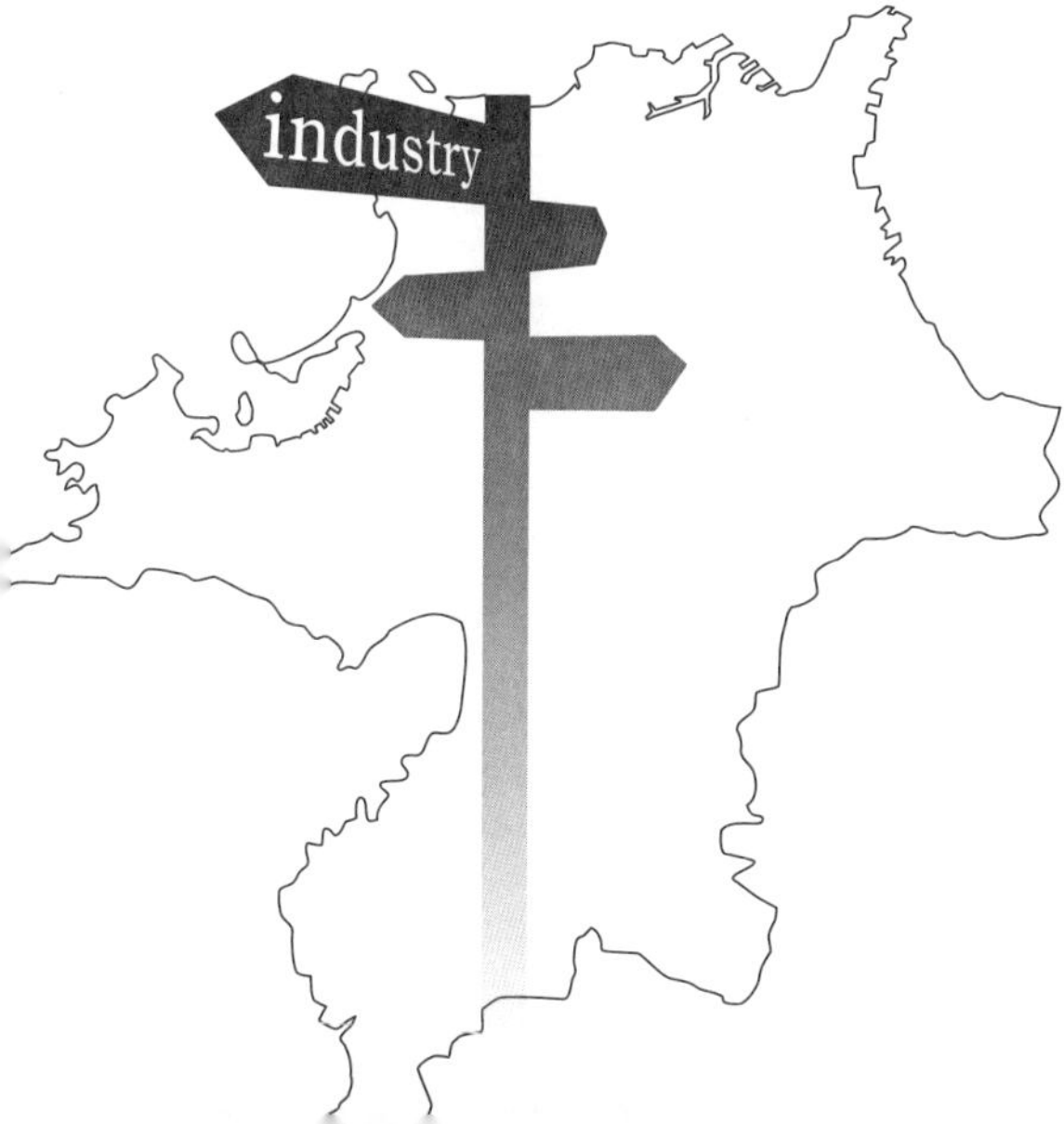

industry

商魂

〝太く短く〟の博多、〝細く長く〟の久留米

福岡県の経済を引っ張ってきたのは「博多《はかた》商人」だ。彼らは経済のみならず、街を築き、文化を育んだ。それに対抗できる行動力ある商人は県内に見あたらない。あえてあげるとすれば、「久留米《くるめ》商人」であろう。いうまでもなく、博多商人は福岡藩の博多を、久留米商人は久留米藩の城下を本拠とする。それぞれの地域性が商売の気質と、独特の商法を育み、成功に導いた。商魂はいまに引き継がれている。

博多は博多湾に面した港湾都市で、古代から朝鮮半島・中国大陸と交流があり、中世になって商港として栄えた。商売の担い手が博多商人である。彼らの商圏は国内に留まらず、朝鮮・中国から東南アジアへと広がっていく。モノを動かし、売買して利益を得るのが商売の基本とすれば、大量にモノを運べ、遠隔地に行くことができる〝船〟による商業活動は、まさにうってつけだった。

ただし、〝ハイリスク・ハイリターン〟の仕事である。巨利を得る者がいるいっぽう、すべてを失う者も出た。だが、それゆえに、手にした富を貯めこもうとせず、祭礼や茶の湯などの文化面に惜しげもなく金を使いながら、必要とあれば権力者にすり寄って献金し、みずからの立場を確保した。

要するに、決断力があり、生きざまが派手だったのである。戦国末期から江戸時代初期にかけ、博多商人を代表する豪商は、島井宗室《しまいそうしつ》（１５３９〜１６１５）、神屋宗湛《かみやそうたん》（１５５１〜１６３５）、大賀宗九《おおがそうく》（１５６１〜１６３０）の３人。織田信長・豊臣秀吉・徳川家康という時の権力者と結び、博多を日本一の商都にのしあげた。

だが、徳川幕府が鎖国政策をとると、博多はかつての栄華を失っていく。海外との交易が閉ざされたためだ。末次平蔵《すえつぐへいぞう》（?〜１６３０）はじめ、博多を飛び出し、長崎に移住して商機を求める商人もいた。平蔵は移転に成功し、のち長崎代官になっている。

博多商人の商売が〝派手〟とすれば、久留米商人は〝地味〟だ。久留米商人は〝ハイリスク・ハイリターン〟の商売を好まず、〝細く長く〟がモットーである。資金が少なくてもやりくり上手で、しぶとく商売する。久留米はさまざまな物資が集散する九州随一の中継地なので、商才次第で成功する道が開けた。〝ローリスク・ローリターン〟の商売である。

それだけに、気質は吝《しわ》い。博多商人が人情に厚く、地域のコミュニティーを大切にするのに比べ、久留米商人は「街のなかにある商家が1軒潰《つぶ》れれば、赤飯を炊いて喜んだ」という言い伝えがあるほどだ。「久留米商人が歩いた後にはぺんぺん草も生えない」ともいわれる。

地味で頑固で閉鎖的ながら、粘り強い努力家というのが、久留米人気質である。久留米商人の商魂は、そうした気質から生まれたものだ。商業だけでなく、伝統工芸品の製作など、コツコツと技をきわめて名を残す産業が久留米には多い。世界一のタイヤメーカーに成長したブリヂストンも、もともと出発点は城下の小さな足袋《たび》屋だった。創意工夫を凝らし、努力を積み重ねて成功を導いた精神に、久留米商人の魂をうかがうことができる。

industry 焼物

有名茶人に愛された福岡藩と小倉藩の御用窯

九州で有名な焼物といえば、佐賀県の有田《ありた》焼・伊万里《いまり》焼・唐津《からつ》焼の名が思い浮かぶ。隣接する福岡県の焼物はあまり知られていないが、じつは通好みの渋い2つの古い窯元がある。「高取《たかとり》焼」と「上野《あがの》焼」という。

この2つの窯《かま》の名を世に高めたのは、大名茶人の小堀遠州《こぼりえんしゅう》（1579〜1647）だ。千利休《せんのりきゅう》に師事し、古田織部《ふるたおりべ》に茶の湯を学んだ美意識を見込まれ、徳川家康に仕え、将軍家の茶道指南役についている。生涯に400回あまりの茶会を開き、招かれた客は延べ2000におよぶという。江戸時代初期の文化サロンの中心人物だった。

その遠州が、自分好みの焼物をつくっているとして、名もない7つの窯元を賞賛した。〝遠州七窯〟と呼ばれる。志戸呂《しとろ》焼（遠江《とおとうみ》国）、膳所《ぜぜ》焼（近江《おうみ》国）、朝日《あさひ》焼（山城《やましろ》国）、赤膚《あかはだ》焼（大和《やまと》国）、古曽部《こそべ》焼（摂津《せっつ》国）、高取焼（筑前《ちくぜん》国）、上野焼（豊前《ぶぜん》国）である。これらの窯は一躍、脚光をあびることになった。

高取焼の開祖は、八山《はちざん》という名の朝鮮人陶工だ。豊臣秀吉が強行した朝鮮出兵で渡海した黒田長政《くろだながまさ》が、腕を見込んで日本に連れ帰った人物である。1600年（慶長5）、福岡藩に封じられた長政は、鷹取山《たかとりやま》の麓にある永満寺《えいまんじ》（現・直方市《のおがたし》）で窯を開くよう八山に命じた。

八山は、鷹取山にちなんで〝高取〟の姓を拝領し、高取八蔵重貞《はちぞうしげさだ》と名のり、高取焼をスタートさせる。1614年（慶長19）、内ケ磯窯《うちのそがま》（現・直方市）に転じ、10年後に白旗山（現・飯塚市）に窯を移して、1654年（承応3）、同地で没した。

高取焼草創期の「古高取」のなかでも、内ヶ磯窯時代の後半から、八山の作風は歪《ゆが》みを加えた雄渾で豪放な意匠になっていく。その後、端正で瀟洒《しょうしゃ》な洗練された作風を生み出す。2代藩主忠之《ただゆき》が試しに、遠州好みの茶器を八山に焼かせてみると、見事な作品ができた。それを遠州に見せたところ、遠州の心をとらえたのだった。この頃の作は「遠州高取」と呼ばれる。

八山の孫が小石原《こいしわら》（現・朝倉郡東峰村《とうほうむら》）に開いた窯の作を「小石原高取」という。技術は爛熟し、作風は「遠州高取」よりさらに繊細になっていった。ただ、藩主の御用窯として高級な茶器をつくるだけでなく、高取焼の高度な伝統技術をいかした日用雑器も焼くようになる。それが「小石原焼」として、現代に続く。

上野焼の開祖も、金尊楷《きんそんかい》という名の朝鮮人陶工である。朝鮮出兵に出陣した加藤清正《かとうきよまさ》に連れられて来日した。1602年（慶長7）、小倉《こくら》藩に封じられた細川忠興《ほそかわただおき》（三斎）に招かれ、福智山《ふくちやま》の麓の上野（現・田川郡福智町）に窯を開く。忠興は千利休に師事し、〝利休七哲〟の1人にあげられる大名茶人だ。尊楷は上野喜蔵高国《きぞうたかくに》を名のり、30余年をこの地での作陶に明け暮れ、忠興好みの格調高い作品を献上し続けた。

上野焼の特徴は、生地が薄く、軽量であること。かといって、上品さを失わず、軽過ぎない。使用する釉薬《ゆうやく》が多く、窯変によってあらわれる千変万化の模様が思わぬ美を生む。技法をこらして焼く尊楷の作品は、暖かみにあふれ、素朴かつ重厚だ。

1632年（寛永9）、2代藩主の忠利《ただとし》が肥後熊本へ国替えになった。細川家に恩義を感じる尊楷は、一門を引き連れ、熊本に移り、高田（現・八代市）に窯を開き、高田焼を創始する。その際、次男と娘婿を上野に残し、新藩主小笠原《おがさわら》家のもとで、小倉藩の御用窯として上野焼を継承させた。尊楷は1654年（承応3）、高田で亡くなっている。享年89。

なお、柳川《やながわ》藩にも、御用窯として「蒲池焼《かまち》」があった。創始者は、肥前《ひぜん》国名護屋《なごや》で土器を焼いていた美濃《みの》の陶工彦三郎方親《ひこさぶろうまさちか》。彦三郎の作品が、朝鮮征討で名護屋城に在陣中の豊臣秀吉の目にとまって好まれ、彦三郎は家永《いえなが》の姓を賜る。秀吉没後、柳川藩主立花《たちばな》氏に請われ、1604年（慶長9）、彦三郎は三潴《みずま》郡蒲池村（現・柳川市西蒲池）で窯を開くことになった。これが蒲池焼のはじまりである。

土器に分類される珍しい焼物で、火に強く、焙烙《ほうろく》などの茶器が多くつくられた。ただし、器自体は脆《もろ》いので破損しやすく、初期の作品はほとんど現存しない。明治になると藩の保護を失い、廃窯になった。だが、近年、再窯に成功し、伝統技法に基づく新しい試みがなされている。

炭鉱経営

industry

柳川藩家老のベンチャーだった三池炭鉱

福岡県は石炭の産出量で、江戸時代から長い間、日本一を誇っていた。代表的な炭田は、〝筑豊《ちくほう》炭田〟と〝三池《みいけ》炭田〟である。江戸時代に開発され、明治から戦前にわたって最盛期を迎え、日本の近代産業を支えた。だが、戦後の産業構造の激変により、どちらも閉山を迎える。

〝筑豊〟という名の由来は、筑前と豊前にまたがっている地域だからだ。江戸時代の藩領でいえば、福岡藩と小倉藩の藩境一帯にあたる。〝三池〟という名は、主な出炭地の地名から。炭田は柳川藩南部から肥後《ひご》熊本藩北部にわたり、両藩に挟まれた三池藩（柳川の支藩）が主炭地である。

石炭は、地中に埋もれた太古の植物が地熱や地圧の影響で変質した、いわば植物の化石である。炭素濃度が高いため、黒い色で、燃えやすい。発見当初は〝燃える石〟と呼ばれ、エネルギー源としての産業利用が進むと、〝黒いダイヤ〟の異名でもてはやされるようになった。

筑豊炭田の発見は１４７８年（文明10）、三池炭田は１４６９年（文明１）とされ、ともに室町時代後期である。三池の言い伝えでは、ある農夫が薪拾いのために山に入り、暖をとるため焚き火をしたところ、たまたま転がっていた黒い石が燃えたという。はじめは不思議だったに違いない。

当然ながら、黒い石は薪の代用品として、煮炊きに利用されるようになる。だが、燃える際に出る煤煙《ばいえん》と悪臭が嫌われ、はじめは貧しい農村家庭で使われるだけだったらしい。とはいえ、薪よりも石炭のほうが入手しやすく、廉価なので、次第に燃料として注目され、農村から都市へと普及していく。個人宅で風呂を沸かすという習慣のはじまりも、石炭の用途を広めた。

各藩は届け出さえすれば、自由に採掘し、自由に売りさばいてよいと認めた。しかし、藩外での需要が高まるとともに、乱掘がひどくなっていく。石炭の商品価値に気づいた藩は、統制に乗り出す。有望な財源になるとあてこんだのだ。

福岡藩は、1815年（文化12）、〝焚石会所《ふんせきかいしょ》〟を設けて藩庫が潤うようなシステムをつくったのを手はじめに、1837年（天保8）には専売制に乗り出した。採炭・運送・販売など、石炭事業のすべてを藩の管理下においたのである。

福岡藩の動きをみた小倉藩も、〝焚石会所〟をおく。だが、福岡藩ほど石炭政策に積極的ではなく、専売制はとらなかった。採掘した石炭こそ独占したものの、仲買人に下げわたして利ざやを得るにとどまる。運送や販売も業者に委ねた。

柳川藩では、1721年（享保6）、家老小野春信《おのはるのぶ》が領内の平野山《ひらのやま》で採炭を開始した。小野家は藩祖立花宗茂《むねしげ》の時代から家老職を代々つとめてきた家柄で、春信も家老としての功績が認められ、土地を賜ったという。

三池炭田の発見が室町後期とされるのに、江戸中期に小野春信の名が史料にあらわれるまで、石炭関係の記録は残っていない。自由採掘だったのだろう。とすると、1つの謎が浮かび上がる。春信は拝領から8か月で採炭を開始しているのだ。たまたま石炭があったから採掘をはじめたというわけではないだろう。炭鉱経営に見通しをつけたうえで、平野山の拝領を願い出たのではないか。

春信は1754年（宝暦4）に死去した。享年72。春信没後も、平野山の炭鉱経営は小野家が受け継ぎ、1873年（明治6）に新政府が官営事業にするまで続く。1889年（明治22）には払い下げられ、三井《みつい》財閥の経営に移っている。

石炭事業に関しては、久留米藩は蚊帳の外だった。1727年（享保12）、久留米藩は、士分の者が石炭を焚いてはならない、とのお達しを出している。相当の量の石炭が藩内に流れこんでいたのが面白くなかったのだろう。

なお、筑豊・三池の石炭は、はじめ家庭での使用が多かったが、江戸後期になると、工業用に使われるようになっていく。とくに石炭を必要としたのは製塩業だった。鹹水《かんすい》（濃縮した塩水）を煮切るためである。藩外に出る石炭の多くは瀬戸内海の製塩地に届けられた。

また、幕末になると、蒸気船を動かす原動力として欠かせない石炭は、外国船にも求められるようになったのである。

industry

織物

博多織のルーツは13世紀の中国

福岡県を代表する織物といえば、「博多織」と「久留米絣《かすり》」である。博多織は旧福岡藩の、久留米絣は旧久留米藩の特産品だ。旧小倉藩にも「小倉織」があった。いずれも時代の影響を受け、栄枯盛衰の歴史を経るが、現在、21世紀の新しい感覚で生地《きじ》の可能性が見直されている。

博多織は、たくさんの細い絹の経糸《たていと》を用い、細い糸を縒《よ》り合わせた太い緯糸《よこいと》を筬《おさ》で力強く打ちこむことで、表面に凹凸を付け、柄を織り出す絹織物だ。生地に厚みや張りがあり、光沢感もある。

堅牢なので主に帯地として用いられてきた。締めるとき、表面の凹凸がこすれてキュッキュッと豪奢な絹擦れの音がし、締め心地もよい。また凹凸の摩擦で緩みにくいうえ、ほどきやすいという特徴をもつ。それゆえ、帯に刀を差すこともあり、動きが激しい男性用の〝男帯〟として人気を博してきた。

博多織の柄の代表的なものは、密教仏具の〝独鈷《とっこ》〟と〝華皿《はなさら》〟を図案化した幾何学模様に、縞をあしらったもの。商売繁盛や家内安全など、厄除けの願いが帯のデザインに込められている。

久留米絣は、かすれたような部分を規則的に配した〝絣〟模様が特徴的な、藍《あい》染めの綿織物だ。織り上げた白い生地を藍染めにするのではなく、ところどころ白さを残して藍染めした糸を用い、経糸と緯糸の柄を合わせて織り、絣模様を付ける。発明者の井上《いのうえ》伝《でん》は〝霜降《しもふり》〟〝霰織《あられおり》〟と呼んだ。

あらかじめデザインを決め、それにしたがって糸を染めなければならない。白い糸の束を麻の表皮などできつく括って藍染めすると、そこだけ藍に染まらず、白く残る。高度な技術と手間がかかる技法だが、幾何学模様にかぎらず、どんな図案でも織りは可能だ。

小倉織は良質で丈夫な木綿布《もめんふ》である。小糸と呼ぶ細い綿糸を3本または4本縒り合せた太い糸で織るため、従来の木綿地に比べ、生地が格段に強く、破れにくい。柄は縦縞模様か無地が一般的。洗濯するたびに、布地が引き締まって、より丈夫になり、光沢も増す。

博多織の原点は、博多商人の満田弥三右衛門《みつだやざえもん》が中国南宋《なんそう》から持ち帰った唐織の技法とされる。弥三右衛門は、１２４１年（仁治2）、承天寺《じょうてんじ》を開いた円爾《えんに》（聖一国師《しょういちこくし》）とともに帰国しているので、独鈷と華皿の図案化は円爾のアドバイスかもしれない。弥三右衛門はこの技法を家伝として秘した。

16世紀、弥三右衛門の子孫である満田彦三郎が中国明《みん》にわたり、織物技術を学んで帰国。家伝の技法と新来の技術を基に、糸組細工を稼業とする竹若伊右衛門《たけわかいえもん》と共同研究し、ついに完成したのが博多織である。福岡藩祖黒田長政《ながまさ》により、毎年3月、帯地と反物が徳川家に献上されることになり、博多織は〝献上博多〟と呼ばれるようになった。

博多織に比べると、久留米絣の歴史は浅く、技法が発見されたのは１８００年（寛政12）頃だ。開発者は井上伝《いのうえでん》という当時13歳ぐらいの少女だった（89ページ参照）。よきアドバイザーに恵まれて、織り方に改良を加え、絣模様もバリエーションが増え、品質が向上する。

新しい郷土の織物は〝お伝絣〟として好評で、織屋も増え、販路も拡大していく。農家の娘は織子として働き、家計の一助とした。そうした動向に目をつけたのが久留米藩で、生産を奨励することで財政難を立て直そうとはかる。しかし、それがかなわないうち、久留米藩は廃藩になる。だが、明治に入り、久留米絣は最盛期を迎えるのだった。

小倉織の起源は不明だ。諸説あるが、小倉藩主の小笠原家が、転封前、信州松本《まつもと》にいたとき、ある母親が子どものために木綿糸を縒り合わせて丈夫な布地を織り、着物を仕立てたという。この話が小倉に伝わり、織り方が開発されたとされる。

小倉織の最盛期は1850年（嘉永3）を挟んだ前後20年だ。小倉藩が長州征討に従軍し、長州勢に押されて小倉から後退した結果、生産体制は壊滅してしまう。その後も復興できず、昭和のはじめ頃、ついに街から織機の音は消えた。だが、近年、復活の試みがある。

いずれの織物とも、21世紀の現在、織物の新しい可能性を模索中だ。伝統の技をいかしたうえで、どんな新しい伝統が築けるかが、今後の課題だろう。

industry

郷土料理

筑前煮と水炊きのルーツは旧福岡藩領

福岡県には、さまざまなグルメがある。豚骨《とんこつ》ラーメン、もつ鍋、辛子明太子《めんたいこ》……。これらの多くは、ルーツが昭和期であり、伝統の味と呼ぶにはまだまだ歴史が若い。ここでは、小倉藩、福岡藩、久留米藩、柳川藩で生まれ、伝わった郷土料理を紹介しよう。

まず、旧小倉藩領でポピュラーな郷土料理は「ぬか味噌炊き」だ。「じんだ煮」ともいう。〝じんだ〟とはぬか味噌のこと。レシピはきわめて簡単。イワシやサバなど、下処理した青魚を醤油・みりん・酒・砂糖でじっくり煮こむ。骨まで柔らかくなったら、いったん魚を取り出し、煮汁にぬか味噌を加え、味をなじませながら、加熱する。好みの濃度・味に整えたら、魚と煮汁を合わせ、少々炊きこみ、できあがり。

くせがある味だが、思ったほど臭みを感じず、ご飯の供として箸がすすむ。でも、なぜ、小倉藩でぬか味噌なのだろう？ ぬか漬けは江戸時代初期に江戸ではじまったとされるが、小倉に封じられた小笠原家が九州に伝えたと考えられる。ぬか味噌炊きをつくるには、ぬか床が欠かせない。北九州市や行橋《ゆくはし》市の家庭では、100年もののぬか床を大切に受け継ぎ、家庭の味を守っているという。

旧福岡藩領の郷土料理は「がめ煮」と「水炊《みずた》き」だ。がめ煮は、いわゆる〝筑前煮〟のこと。どちらも具材は基本的に同じだが、がめ煮は煮付ける前に具材を炒めるのが流儀で、具材の旨《うま》さを油で包みこむ。料理の発祥は、朝鮮征討の際、手持ちの具材をごった煮にしたことにはじまるという。寄せ集めるという意味の博多方言〝がめくりこむ〟を名称の由来とする説がある。

「水炊き」は、〝鶏鍋〟の1つだ。鶏肉を鍋で煮て食べる文化は、幕末頃、博多にはじまったとされる。ただ、当時は現在のような白濁したスープではなかった。明治に入って鶏鍋は全国に広まっていき、地域の食材を取り入れ、個性的な料理に変化していく。4大鶏鍋といわれるのは、東京の「軍鶏《しゃも》鍋」、京都の「かしわ鍋」、秋田の「きりたんぽ鍋」、そして福岡の「水炊き」である。

さっぱりとしていながら、コクと味わいが深い鶏の白濁スープを生み出したのは、

1905年（明治38）創業の老舗である博多の「水月《すいげつ》」だ。以後、おなじみの味として地域に広まった。家庭で食べる場合は、皮付きや骨付き鶏肉、手羽先・手羽元のぶつ切りを〝水〟から煮立たせるのがポイント。アクが心配なら丁寧にすくうか、肉を下茹でする。あとはお好みの野菜をいれ、薬味を加えたポン酢で味付けしていただく。シメはうどんか、雑炊で決まり。

なお、がめ煮と水炊きは、〝農山漁村の郷土料理100選〟（農林水産省）の福岡県を代表する料理として選ばれている。

旧久留米藩領の「ウナギのせいろ蒸し」は、伝統ある郷土料理だが、家庭で味わうのはむずかしい。

エツとは、有明《ありあけ》海奥部から筑後《ちくご》川河口域だけに棲《す》むカタクチイワシ科の魚だ。〝刀形魚〟と当て字されるように、体長は約30〜40cm、細長く、色は白銀にかがやく。産卵のため筑後川をさかのぼり、大川市から久留米市にかけての水域が漁の本場となる。資源保護のため、漁期は5月1日から7月20日まで。刺身、唐揚げ、塩焼き、煮付けなど、さまざまな料理で食べられるが、ハモと同じように小骨が多く、傷むのが早いので、家庭での調理はむずかしい。筑後川での刺し網漁が地域の風物詩で、とれたてを調理して船上で味わう〝観光エツ漁〟が人気だ。

柳川の名物料理といえば、「ウナギのせいろ蒸し」だ。水郷地帯ゆえ、古くから天然ウナギの産地として全国的に有名だった。というのも、有明海の海水と筑後川の淡水が混じり合う河口近辺で、〝アオ〟と呼ばれる最高級品が捕れたからである。身が引き締まり、磯の香りがほのかに立つ名品だったという。いまはなかなか捕れない。

柳川のウナギのさばき方は関東流に背開きで、焼き方は関西流の直火焼きだ。焼いたウナギをご飯にのせて、せいろで蒸すのが特徴で、ウナギはふっくらとした食感に仕上がり、たれの旨味がご飯にしみこむ。彩りに乗せる錦糸卵《きんしたまご》は食欲をそそうアクセントだ。さめたうな重をせいろで温め直したところ美味しかったというのが、〝ウナギのせいろ蒸し〟の発端らしい。

柳川で一番の老舗として知られる「本吉屋《もとよしや》」は創業1681年（天和1）というから、まさに伝統の味だ。

industry 元祖

柳川鍋は柳川藩の発祥にあらず

〝うどん〟といえば、讃岐《さぬき》うどん（香川県）、稲庭《いなにわ》うどん（秋田県）、水沢《みずさわ》うどん（群馬県）が有名だ。だが、福岡県にある「博多うどん」こそが、日本のうどんの元祖だという。その主張を強く裏づけるように、福岡市博多区（旧福岡藩領）にある承天寺《じょうてんじ》の境内には、「饂飩蕎麦《うどんそば》発祥之地」という石碑が立つ。

承天寺は、臨済宗の円爾《えんに》（聖一国師《しょういちこくし》）が中国宋に留学し、帰国後の1241年（仁治2）、開山に招かれて創建された。このとき円爾は、臨済禅のほか、粉物の食文化をもたらしたという。小麦・蕎麦の栽培法はもちろん、製粉の仕方、そして麺打ちなどである。大陸や朝鮮半島との往来は博多が中心だったので、福岡が発祥の地という説にも納得だ。

由来はともかく、まず麺を口にしてみよう。魚介系のだしに甘めの醤油で味付けしたつゆに、太めの麺がおよぐ。コシが麺の命のはずなのに、博多の麺にはあまりコシがない。

旧福岡藩領にある妙楽寺の「ういろう伝来之地」石碑
（福岡市提供）

麺がつゆを吸うと、さらにコシは失われていく。ただ、歯ごたえがないため噛まなくてもよいので、早く食べられるのが、せっかちな博多っ子の好みだとか。博多っ子のファストフードの原点といってよい。

名古屋の特産というイメージが強いお菓子の〝ういろう〟も、博多が発祥の地だという。ういろうは本来、薬の名称だった。その薬が相当に苦いため、米粉・小麦粉などの穀粉に砂糖を加えて練り合わせたタネを蒸し、口直しのお菓子として提供したのがはじまりらしい。それが「ういろう」というお菓子として広まっていく。中国明から亡命して博多の妙楽寺《みょうらくじ》に住んだ外郎《ういろう》家初代の宗敬《そうけい》が伝えたとも、その子の宗奇《そうき》が上洛し、室町時代初期、京都で広めたともいわれる。ちなみに、妙楽寺には「ういろう伝来之地」の石碑が立つ。

なお、京都外郎家の分家が、1504年（永正1）、相模《さがみ》の小田原《おだわら》に出て、薬舗を出店した。当初は薬専門だったが、京都の本家が衰退したため、小田原外郎家がお菓子のういろうの製造販売をはじめ、元祖を名のって現在にいたっている。ういろうには白・茶・小豆・黒・栗の5種類があるので、室町以来の銘菓の味を比べながら、ぜひご賞味あれ。「透頂香《とうちんこう》」という薬も販売されている。強烈な〝仁丹《じんたん》〟のような味で、気付けに効く。

ブドウの王様といわれる〝巨峰《きょほう》〟は久留米市田主丸町《たぬしまるまち》が「発祥の地」とされる。巨峰は戦前から交配を繰り返し、新しく作り出すのに成功した日本原産のブドウだ。田主丸に研究所を起ち上げたのは1956年（昭和31）、翌年に苗を植え付け、3年後に実を付けた。ただ、栽培方法が確立されておらず、品質が一定でないため商品化できず、市場からは無視されてしまう。

栽培法を模索しながら、観光農園としてブドウ狩りを催したところ大評判となり、巨峰の認知度は徐々に広まっていった。こうして巨峰は市場での人気品種になっていく。田主丸の農家の努力がなければ、私たちが巨峰を口にすることはなかったに違いない。その意味では〝発祥の地〟を

久留米では巨峰からワインも造られている
（（公財）久留米観光コンベンション国際交流協会提供）

名のってもよいと思う。巨峰の本場は山梨県に移ってしまった感があるが、田主丸の観光農園はいまも健在だ。

余談だが、「柳川鍋」について述べておこう。開いたドジョウを笹がきにしたゴボウと一緒に、醤油ベースの甘辛い割下で煮こみ、卵でとじて仕上げる料理だ。名称から発祥の地をなんとなく〝柳川〟と思いこんでいる人が多いが、これは間違い。〝ドジョウ鍋〟は、江戸浅草《あさくさ》の駒形《こまがた》にある料理屋にはじまるという。1804年（文化1）のことだ。最初はドジョウを丸のまま煮ただけだったが、文政年間（1818〜30）にドジョウを開いて笹がきゴボウと一緒に煮るようになり、天保年間（1830〜44）に卵でとじるようになったとされる。

柳川という名称の由来には諸説あるが、創始した店の屋号が「柳川」だったとか、ドジョウとゴボウをならべた姿が柳の葉を思わせたからとかいわれる。ただ、柳川にゆかりはなくても、誤解をいかして名物料理にすればよいという思いもあり、柳川市内の飲食店のお品書に名を見ることもある。ちなみに、柳川城下に「柳川鍋発祥之地」と刻まれた石碑は立てられていない。

industry

茶 栽培の草分けは小倉藩か久留米藩か

摘みたての茶葉を蒸して乾燥させたものを〝荒茶《あらちゃ》〟と呼ぶ。お茶の原材料で、これを精製すれば製品になる。荒茶生産量の全国ランキングをみると、第1位静岡県（3万9300トン）、2位鹿児島県（1万9800トン）、3位三重県（7460トン）と続き、福岡県（2052トン）は7位にランクされる。

ちなみに4位宮崎県（3230トン）、8位佐賀県（2032トン）、9位熊本県（1880トン）、10位長崎県（1166トン）で、大分県（465トン）も16位だ。九州全域で見れば日本一のお茶どころといえるだろう。このデータと関連するのが、福岡県はお茶が日本に広まった出発点ということだ。

お茶の普及については諸説あるが、1191年（建久2）、中国の南宋から博多に帰国した栄西《えいさい》が、臨済禅の教えとともに、お茶の栽培法や効能を日本にもたらしたという。

その際、栄西は博多に日本ではじめての禅寺である聖福寺《しょうふくじ》を開くとともに、茶種を福岡と佐賀の県境に峰をつらねる脊振《せぶり》山地に播《ま》いたとされる。

脊振山地は「脊振千坊《せんぼう》」といわれた山岳修験《しゅげん》の活動拠点だったから、山伏《やまぶし》たちは筑《ちく》紫《し》山地の峰々を巡り、茶を各地の修験寺院に広めていった。豊前市の西端にそびえる求菩提山《くぼてさん》（標高782m）もその1つだ。

求菩提山は旧小倉藩領にあり、奈良時代からの修験道の霊山として知られる。茶の生産がいつ頃から行なわれたか定かでないが、室町時代には本山（京都の聖護院《しょうごいん》）や近隣大名への進物品としてお茶が使われたようだ。江戸時代には生産も上がり、小倉藩へ御用茶として納入している。

現在も求菩提山の山麓や山間で、伝統を受け継ぎ、生産が続く。また、豊前市近隣の上毛《こうげ》町、みやこ町でも小規模ながら、安全安心なお茶づくりが行なわれている。上質の煎茶が特産だ。

さて、栄西が伝えた茶種は、博多から京都、さらに山城宇治《やましろうじ》、伊勢《いせ》、駿河《するが》へと広まっていく。山伏たちが手にした茶種も独自の経路で、普及していっただろう。ところが、これとは異なるルートで伝わった茶種があった。留学先の中国明から新しく茶種を持ち帰ったのが、秋田出身の学僧である栄林周端《えいりんしゅうずい》である。

周端は諸国行脚《あんぎゃ》の途次、八女《やめ》（旧久留米藩領）に立ち寄ると、修行地の風土気候に似ていると察し、地域の人びとにお茶の栽培に適した自然環境であると説き、農作を勧めた。耳を傾けたのが黒木《くろぎ》在の庄屋松尾久家《まつおひさいえ》である。久家の支援で霊巌寺《れいがんじ》（八女市黒木町）を建立すると、茶の栽培を開始した。１４２３年（応永30）のことという。これが「八女茶」のはじまりだ。

松尾家に伝授された栽培法・製法・喫茶法をもとに、生産は細々と続けられた。だが、自然栽培のような粗野な方法で、製品の質に問題があった。それでも江戸中期に入ると、お茶の需要が次第にたかまり、耕地も徐々に周辺地域に拡大していく。

生産は増加し、開国によって、幕末から明治にかけては、輸出を念頭においた紅茶生産に傾いていく。だが、これが失敗だった。かえって国内市場を狭めることに陥ったのである。紅茶を見切り、緑茶へ方向転換したのは大正に入ってからである。生産体制の変革は、高品質化に尽力し、各地域名で出していた製品名を統一、「八女茶」ブランドを起ち上げることからはじまった。

　現在、八女茶の生産地は、八女市を中心に、近隣のうきは市・広川町・筑後市・朝倉市にわたる。朝倉市の一部（旧秋月《あきづき》藩領）を除いて、あとは旧久留米藩領の地域だ。八女茶の特徴は、〝玉露《ぎょくろ》〟の品質の高さにある。２００１～１２年（平成13～24）の全国茶品評会では、連続して農林水産大臣賞を受賞した。玉露の生産量は全国の40％を越え、日本一を誇る。

　香りがたち、甘くてコクがあり、旨味が強いのが、八女茶の生産者が目指してきた品質だ。だが、ここまでくるのに、どれほどの長い年月と努力を費やしたことだろう。八女市には数々の伝統工芸品の技術が息づいているが、手間ひまを厭わない真摯な姿勢が良品を生み出すゆえんに違いない。

industry

和菓子 知名度ナンバー1は太宰府の〝梅ヶ枝餅〟

福岡県を代表する伝統の銘菓といえば、太宰府《だざいふ》（旧福岡藩領）の「梅《うめ》ヶ枝餅《えもち》」だ。京都の〝八《や》つ橋《はし》〟、長崎の〝カステラ〟、伊勢の〝赤福《あかふく》〟とならび、全国的に知名度が高い。お土産には欠かせない定番である。

梅ヶ枝餅とは、小豆餡《あずきあん》を薄い餅の生地でくるみ、梅の花と枝の印がつく鉄板で焼いた焼き餅だ。蒸した饅頭ではない。梅の味がしたり、香りが漂うわけでもなく、素材の旨味だけをいかしたシンプルな菓子だ。ただ、天満宮の祭神である菅原道真《すがわらみちざね》の誕生日である845年（承和12）6月25日と、命日である903年（延喜3）3月25日にちなみ、毎月25日だけ、限定版でヨモギ入りの梅ヶ枝餅が販売される。

梅ヶ枝餅の由来は、太宰府に流され、意気消沈している道真に、老婆が餅を差し出したのにはじまる。道真死後、老婆は道真が好んでほおばった餅に梅ヶ枝を添えて、墓前に供えたという。別の言い伝えでは、軟禁状態で食事もままならない道真に、老婆が梅の枝に餅を刺して、格子越しに部屋に差し入れたとする。

さて、梅ヶ枝餅は、福岡各地の繁華街にある専門店、空港や駅などの売店・土産物屋で購入できるが、できることなら、太宰府天満宮の門前で求めたい。というのも、焼きたての味は格別だからだ。パリッとした香ばしい食感を門前で味わってほしい。

梅ヶ枝餅を製造販売している店は、30～40軒を数える。協同組合を設立して、品質管理を行なっているので、門前で買えば間違いはない。数ある店舗のなかで老舗中の老舗といえば、創業350年を誇る「小山田茶店」だ。太宰府天満宮御用達で、天満宮の神事の際には小山田茶店のものしか出されないという。地元の人たちの人気も高い。

旧福岡藩領の博多には、「松屋菓子舗」という1673年（延宝1）創業の老舗があった。黒田藩の御用達で、伝統の味は〝鶏卵素麺《けいらんそうめん》〟という。南蛮《なんばん》渡来の菓子で、砂糖を溶かした蜜のなかに、卵黄を細く流し入れて固めたものだ。外見は黄色い素麺のようなので、この名がある。かつては日本三大銘菓の1つにあげられるほどだったが、残念なことに近年、店を閉じ、伝統は途絶えた。ただ、鶏卵素麺を製造する地元の同業者があるので、味わうことはできる。

久留米には藩主有馬《ありま》家御用達、柳川には藩主立花家御用達の老舗がある。久留米は「翠屋主水《みどりやもんど》」。初代藩主有馬豊氏《とようじ》が国替えで丹波《たんば》国福知山から久留米に移る際、藩主にしたがった菓子屋といわれる。創業400年におよぶ。殿様がみずから選択したという和菓子セット〝柳原八景〟もあるが、手軽に味わうことができるうえ、精錬された上品さが光る最中〝有馬御殿〟がおススメだ。なお、久留米は藩主が茶を好んだことに由来し、多くの人が和菓子文化に親しんでいる。

柳川には「梅花堂越山《ばいかどうこっさん》」がある。1861年（文久1）の創業で、代表銘菓は〝越山《こっさん》もち〟。殿様の要望でつくられた和菓子といい、しっとりとした白餡を、もっちりとした柔肌の精製白玉で包んだものである。柳川で行なわれる法事の際には必ずといってよいほど用意される、地元で親しまれる味だ。

小倉藩領の行橋《ゆくはし》にも、小笠原家御用達の飴《あめ》屋があったことを紹介しよう。「行事飴屋《ぎょうじあめや》」という老舗で、名物は「美壽飴《みずあめ》」。黄金色にかがやく水飴で、もち米を原材料とし、甘味は麦芽で出すという。この行事飴屋は金融業や酒造業などにも手を広げて成功し、小

旧飴屋門（行橋市教育委員会提供）

倉藩を代表する豪商に育った。それゆえ、幕末期には藩に相当な額を献金したという。しかし、それが家勢を傾ける原因となり、本業の飴屋に立ち返って再起をはかるものの、嗜好の変化もあって江戸以来の名物を守ることができず、いつの間にか失われてしまった。

近年、懐かしい味の喪失を惜しむ地元の人たちがＮＰＯ法人を起ち上げ、地域活性化の試みとして水飴を復活させた。売れ行きは好調という。

伝統の和菓子には、地域の歴史と文化が味付けした旨味がある。伝統の味を守るには、店の努力はいうまでもないが、地域の応援も必要だ。

industry

日本酒 蔵元数は旧久留米藩領が断然トップ

九州で酒といえば、〝焼酎《しょうちゅう》〟のイメージが強い。だが、福岡県は意外にも〝日本酒処〟なのだ。生産量の全国ランキングで、1970年代は兵庫・京都についで3位につけていたこともある（国税庁調べ）。近年は焼酎ブームに押されて10位前後に甘んじるが、焼酎王国の九州において、福岡県では日本酒が健闘しているといってよい。

蔵元数でも福岡県は全国5位だ（『日本酒全国酒造名簿2009年度版』による）。ちなみに1位は新潟の96。長野・兵庫・福島と続いて、福岡は63を数える。かつては100を超えていたので、廃業が進んでいることを示す。もっとも福岡県にかぎったことではない流れだが。それでも、福岡県に巨大メーカーがないことを考えると、小さくても元気がある蔵元が努力を重ね、個性ある酒を送りだし、存在感を示していることがわかる。

福岡県には、創業が江戸時代の老舗も少なくない。代表的な蔵元をあげよう。

旧久留米藩領では、創業1699年（元禄12）の若竹屋（銘柄＝若の寿）、創業1745年（延享2）の花の露（銘柄＝花の露）、創業1820年代（文政年間）の喜多屋（銘柄＝喜多屋）、創業1832年（天保3）の山口酒造（銘柄＝庭のうぐいす）、創業1860年（嘉永3）の有薫（銘柄＝有薫）などだ。

旧福岡藩領では、創業1717年（享保2）の伊豆本店（銘柄＝亀の尾）、創業1729年（享保14）の玉の井酒造（銘柄＝玉の井）、創業1790年（寛政2）の勝屋酒造（銘柄＝楢の露）、創業1792年（寛政4）の小林酒造（銘柄＝萬代）、創業1793年（寛政5）の綾杉酒造（銘柄＝綾杉）、創業1834年（天保5）の梅ヶ谷酒造（銘柄＝梅ヶ谷）、創業江戸後期の石蔵酒造（銘柄＝百年蔵）などがあげられる。

旧小倉藩領には創業1844年（弘化1）の溝上酒造（銘柄＝天心）、旧柳川藩領にも創業1890年（明治23）の目野酒造（銘柄＝国の寿）などがある。

福岡県内で蔵元の分布を比較すると、旧久留米藩地域が圧倒的に数で勝れる。久留米地方は酒づくりに最適な自然条件が揃っていたからだ。筑後川が流れる筑紫平野は九州

久留米のあちこちには古い酒蔵がいまも残る（（公財）久留米観光コンベンション国際交流協会提供）

一の穀倉地帯であり、耳納《みのう》山地を源流とする清らかな水も豊富だった。自然豊かで、寒暖の差もあり、〝寒仕込み〟に最適だったのである。よい米、よい水、よい空気があれば、旨い酒ができないわけがない。

福岡県が〝日本酒処〟になったのには、歴史的な理由がある。それは西南戦争をはじめ、日清・日露戦争に際し、兵站《へいたん》基地となった福岡に全国から多くの兵士が送られてきたことだ。彼らは焼酎の味になじめなかったであろう。また、製鉄所や鉱山にも数多くの人が集まった。肉体を酷使した1日の仕事が終われば、当然、杯をあおって床につく。

なお、付け加えれば、福岡県は日本酒の生産量は多いが、県民1人あたりの消費量は全国平均30位台と意外と低い。

industry

辛子明太子

門司生まれの博多育ち

「辛子明太子《めんたいこ》」といえば、〝ご飯のお供〟として全国に広まり、いまや福岡県を代表する特産品の1つだ。伝統ある郷土食のような存在感を見せるが、販売開始は太平洋戦争後で、誕生は意外と新しい。

名称の由来は明らかでない。スケトウダラを朝鮮半島・中国大陸沿岸では〝明太（ミンタイ／ミョンテ）〟と呼ぶので、その腹子は〝明太子〟。つまり明太子とは、スケトウダラの子、いわゆるタラコである。明太子を唐辛子で調味したものを、明太子と区別して、〝辛子明太子〟と称するようになったらしい。

ルーツは朝鮮半島で食べられていたキムチ味の明太子にあるという。太平洋戦争後、復員兵が半島で食べた味をまね、唐辛子などを明太子にまぶした食品を門司《もじ》（旧小倉藩領）で売り出した。〝まぶし型辛子明太子〟といわれる。それを改良したのが〝漬けこみ型明太子〟だ。開発者は、博多（旧福岡藩領）で「ふくや」を起ち上げた川原俊夫《かわはらとしお》だ。

川原は復員すると博多中州《なかす》に店を構え、1949年（昭和24）1月10日、唐辛子を含まないタラコを売る。だが、かつて半島の釜山《プサン》で食べていた辛子明太子の味が忘れられず、味の研究を重ねた。その結果、塩漬けの明太子を塩抜きし、唐辛子入り調味液に数日漬けこむという方法を生み出す。乳酸発酵がともなうので、味に深みが加わった。

商品化したのは1960年（昭和35）。当初はまったく売れなかったという。だが、口コミで評判となり、売り上げは徐々に伸びた。また、川原が製造レシピを公開したため、同業者も増え、市場が活性化し、辛子明太子の普及が加速する。北九州の味から全国区に躍り出たのは、1975年（昭和50）、東京・博多間の新幹線開通がきっかけだ。

いまでは高級品から廉価なワケあり商品まで、味も値段もさまざまだ。おにぎりやパスタの具として利用されるなど、たんなるご飯のお供ではなくなった。

なお、博多の漬けこみ型辛子明太子が市場を席巻したものの、門司ではまぶし型辛子明太子がいまもつくられている。日本での辛子明太子の歴史がはじまったのは、旧小倉藩領の門司だという博多に対する意地がある。

industry

ラーメン　博多か久留米か⁉　豚骨戦争

福岡県のラーメンといえば、白濁した豚骨《とんこつ》スープとストレートの細麺をベースにした〝豚骨ラーメン〟がおなじみだ。県内のラーメンの主なものには、「博多ラーメン」（福岡市博多区／旧福岡藩領）、「久留米ラーメン」（久留米市／旧久留米藩領）、「北九州ラーメン」（北九州市／旧小倉藩領）が知られ、それぞれ味に地域性がある。

豚骨ラーメンの発祥については諸説あるが、満州から復員した津田茂が、1946年（昭和21）、博多駅近くに屋台〝赤のれん〟を開き、白濁豚骨スープに麺を浮かべて提供したのが、豚骨ラーメンのはじまりという。

いやいや、久留米ラーメンが博多に伝わったという反論もある。久留米ラーメンは、1937年（昭和12）、長崎出身の宮本時男が西鉄久留米駅前に屋台〝南京千両《なんきんせんりょう》〟を開いたのにはじまるとされる。当初は澄みきった豚骨スープだったが、後に長崎ちゃんぽんのスープを参考にして白濁豚骨スープを完成させたという。また、後続店〝三九《さんきゅう》〟の杉野勝見がスープをとる際、うっかり外出して長時間強い火力で煮出した結果、白濁したという説もある。

北九州ラーメンの多くは久留米ラーメンの流れをくむようだ。そのためか、久留米ラーメンの名を冠する店舗も多い。また、〝三九〟の杉野が久留米から小倉市（現・北九州市小倉区）に移り、1951年（昭和26）、新たに〝来々軒〟を開いたのがはじまりともいう。

ライバル関係にある博多ラーメンと久留米ラーメンの味を比較してみよう。北九州ラーメンは久留米ラーメン系とされるので、比較は控える。まず、スープは、同じ白濁豚骨だが、博多はあっさりしているのに対し、久留米は濃厚。麺はともにストレートの細麺ながら、博多のほうがやや細い。そのほか、〝替え玉〟（麺のおかわり）サービスは博多の特徴で、久留米にはもともとなかった。

とはいえ、いまやラーメン業界は戦国時代を迎えている。基本を保ちながらも新しい味が生まれ、競い合っているので、博多だ久留米だと単純に区別することはできない。

こぼれ話

久留米の足袋屋から世界一のタイヤ企業へ

世界一のタイヤメーカー「ブリヂストン」を創業した石橋正二郎《いしばししょうじろう》（１８８９～１９７６）は、久留米の小さな仕立物屋《したてものや》（裁縫業《さいほう》）の次男坊として育った。細々と家業は続いていたが、１９０６年（明治39）、父徳次郎《とくじろう》が病弱のため引退、兄の重太郎と正二郎に家業を譲る。ところが兄が徴兵で家を出ると、会社運営は18歳の正二郎に委ねられた。

正二郎は仕立物屋の先行きを見かぎると、足袋《たび》製造を専門とし、機械化をはかって経営の近代化を進める。第1次世界大戦の特需に乗り、事業は拡大、瞬《また》く間に先行大手と肩を並べるまでになった。１９１８年（大正7）、商標を「志《し》まや足袋」から「日本足袋」と改め、株式会社化すると、兄を社長につけ、正二郎は専務取締役につく。

大きな転機をもたらしたのが〝地下足袋〟の発明だった。ゴム底が付いた作業用の足袋で、親指と残りの4本に分かれている。1921年（大正10）に販売開始すると、滑らず足に力が入ると炭坑夫に大好評。軍にも採用されるなど、たちまち日本中に広まった。

改良版を出すとともに、滑りを少なくするため、ゴムの溝の刻み方をさまざまに工夫する。そうして得たゴム製造のノウハウをいかし、正二郎は「車のタイヤをつくろう！」と思いついたのだ。人力車やリヤカー、自転車の需要も見込めるうえに、自動車、つまりモータリゼーションの到来を見越した経営戦略だった。

正二郎は九州で一番早く運転免許を取り、購入した車を走らせ、足袋の宣伝を行なっている。日本足袋に社内ベンチャーを起ち上げ、タイヤの研究をはじめたのは1929年（昭和4）。日本足袋から独立し、「ブリヂストン」を起ち上げたのが1931年（昭和6）である。社名は、名字「石＝ストン」「橋＝ブリヂ」を転倒させたものだ。

こぼれ話

東の博多、西の福岡、間の中洲

脊振《せふり》山地に源を発し、福岡市の中央部を流れ、博多湾に注ぐ川がある。〝那珂川《なかがわ》〟だ。博多の町は、この川の河口の東側に海外に出入りする商人や僧侶で賑わう商都として育っていった。

関ヶ原合戦後、筑前国に黒田長政《ながまさ》が入府した。長政は町人勢力が強い博多を避け、那珂川河口の西側に城を築き、城下町を開く。

というわけで、那珂川を境にして、商人町（現・博多区）と武家町（現・中央区）が分立することになった。那珂川の下流域は分流していて中洲《なかす》地域があり、長さ約1キロ、幅約200メートルの地形をつくる。黒田長政は一部を町人町の区域とし、博多と福岡を結ぶため、中洲の東西に橋を架けた。それをきっかけにして中洲には芝居小屋が建ち、飲食店が軒を連ねるなど、繁華街として発展していくことになる。

中洲は商人町と武家町の境界にある、いわゆる〝悪所〟として賑わいをみせていく。ただ、博多と福岡の地域意識は根強く残った。たとえば、1889年（明治22）、市制発足のとき、市名を〝福岡市〟にするか〝博多市〟にするかで、紛糾した。結局、市名は福岡に決定したのだが、納得のいかない博多側からは独立論も唱えられたという。

この頃、九州鉄道会社（のちに国有化）が、九州ではじめて福岡市から久留米市までの路線を開通させた。現在のJR鹿児島本線の前身である。九州鉄道会社は駅を博多地区におき、駅名を〝博多駅〟とした。博多の人びとは溜飲《りゅういん》を下げたに違いない。

現在、博多地区は交通の便もあり、ビジネス街として発展した。一方、福岡地区は〝天神《てんじん》〟とよばれ、多数のデパートやファッションビルが立ち並ぶ繁華街となっている。中間にある中洲は、日本一の数を誇る屋台が並ぶ歓楽街として有名で、夜になると多くの観光客が訪れる。

【著者プロフィール】
伊藤 雅人（いとう・まさと）
1956年生まれ。早稲田大学卒。雑誌『歴史読本』編集長を経て、フリーランスとして、編集者・ライターとして活動する。地方の魅力を掘り起こす「県民学研究会」のメンバーとして地方の歴史・民俗・文化などの発掘・調査に取り組む。『これは真実か!? 日本の歴史の謎100物語』シリーズ（岩崎書店）、『図説 明治の宰相』（河出書房新社）など、共著多数。

装　丁　若林 繁裕
レイアウト・DTP制作　株式会社 ワイズファクトリー
校　正　矢島 規男
編　集　川崎 優子（株式会社 廣済堂出版）

わが藩のお国自慢対決［福岡県編］

2016年 3月 1日　第1版第1刷

著　者　伊藤 雅人
発行者　後藤 高志
発行所　株式会社 廣済堂出版
〒104-0061　東京都中央区銀座3-7-6
TEL　03-6703-0964（編集）
03-6703-0962（販売）
FAX　03-6703-0963（販売）
http://www.kosaido-pub.co.jp
振替 00180-0-164137
印刷所
製本所　株式会社 廣済堂

ISBN 978-4-331-51792-5 C0295